धनी होने का रहस्य

लेखक

वैलेस डेलोएस वेट्टल्स

Paperback: : 978-811909063-1

Any references to historical events, real people, or real places are used fictitiously. Names, characters, and places are products of the author's imagination.

Printed by:

Sanage Publishing House LLP

Mumbai, India

sanagepublishing@gmail.com

अंतर्राष्ट्रीय बेस्ट सेलर

धनी

होने का

रहस्य

(The Science of Getting Rich का हिंदी अनुवाद)

रचनात्मक सोच के माध्यम से
वित्तीय सफलता को आकर्षित करें

लेखक

वैलेस डेलोएस वेट्टल्स

- लेखक के बारे में

*वॉलेस डेलोइस वॉटल्स (1860 से 7 फरवरी, 1911)* एक अमेरिकी और पारंपरिक ज्ञान के विपरीत _'नवीन विचारों'_ के लेखक थे।

उन्होंने दुनिया भर के विविध धर्मों, दर्शनों व विचारों का सूक्ष्म अध्ययन किया।

उनके व्यक्तिगत जीवन के बारे में जानकारी अस्पष्ट है। उनकी औपचारिक पढ़ाई बेहद मामूली थी और उनके पास कोई धन-संपत्ति भी नहीं थी। बावजूद इसके उनके द्वारा प्रतिपादित 'धन का विज्ञान' व्यापक रूप से उद्धृत होता है। 1900 की शुरुआत में अमेरिका में नवीन विचारों पर उनके लेख प्रकाशित हुए। 1910 में उनके सबसे प्रसिद्ध काम _द साइंस ऑफ़ गेटिंग रिच' (धनी होने का विज्ञान)_ को पुस्तक के रूप में प्रकाशित किया गया।

यह अमीर होने का विज्ञान है, जिसने अब तक लाखों लोगों का जीवन बदला है। अपने शोधों के उपरांत वह इस निष्कर्ष पर पहुँचे कि सभी प्रकार की सफलताएँ 'सोचने का खास तरीका' है। इस तरीके को 'मानसिक उपचार आंदोलन' के द्वारा अमल में लाया जा सकता है, लेकिन इसके एक रणनीति आवश्यक है। इसे ही वॉटल्स ने बहुत ही सरल शब्दों में समझाया है।

माँगो, तुम्हें दिया जाएगा, किन्तु संतुष्टों से वापस ले लिया जाएगा।

—बाइबल

शिखर पर पहुँचकर आप अन्य शिखरों को लांघने की कला सीख पाएँगे।

—नेल्सन मंडेला

निश्चित उद्देश्य वाले व्यक्ति कुछ भी पा सकते हैं।

—सैमुअल विल्सन

हीरों की खोज में ज्यादातर कोयला ही हाथ लगता है, मोल होता है तो सिर्फ हीरों का। खुदाईकर्ता का पूरा ध्यान हीरों की तरफ रहता है न कि कोयले की ओर, क्योंकि उसका लक्ष्य हीरे हैं न कि कोयला।

—स्वेट मार्डन

अगर इस दुनिया के होने का कोई मकसद है तो इसमें हमारे होने का भी एक मकसद है, इसे खोज निकालो।

—आइंस्टीन

पैसा उस छठी इंद्री के समान है, जिसके अभाव में बाकी पांच भी निष्क्रिय हो जाती हैं।

—विलियम समरसेट मघम

प्यार ही सब कुछ है, पैसा नहीं। सौभाग्य से मैं पैसे से प्यार करता हूँ।

– बिलि लिम

आप जानते हैं कि रुपया समस्त समस्याओं की जड़ है, परंतु क्या आपको पता है; रुपए की जड़ कहाँ है?

– ऍनी रैंड

हम खुद ही को धनवान बनने से रोकते हैं।

– अज्ञात

हर आदमी स्वर्ग जाना चाहता है, परंतु कोई मरना नहीं चाहता।

– अज्ञात

विषय-वस्तु

परिचय

सौ सालों से भी अधिक समय से लाखों लोगों के प्रेरणास्रोत रहे बेस्ट सेलर पुस्तक द *साइंस ऑफ गैटिंग रिच* के लेखक वैलेस डेलोएस वेट्टल्स आज किसी परिचय के मोहताज नहीं हैं। लोगों के पास उनके बारे में कम जानकारी है, लोग केवल इतना जानते हैं कि जन्म से अमेरिकी नागरिक वेट्टल्स का बचपन भारी तनाव और ग़रीबी में गुजरा। उन्हें कई असफलताए भी झेलनी पड़ीं।

ग़रीबी से परेशान होकर वेट्टल्स ने हालात से उबरने का निर्णय कर लिया। उन्हीं के शब्दों में कहा जाए तो यदि आप अमीर और स्वस्थय होने का दृढ़ संकल्प नहीं करते तो मान लीजिए आपने ग़रीब, नाकामयाब और बीमार रहने का फैसला कर लिया है। सफलता वेट्टल्स की प्राथमिकता थी। उनकी बेटी फ्लोरेंस के मुताबिक, वे अधिकतर समय लिखते रहते थे। सफल लेखक शांतिदूत और प्रगति पुरूष बनना उनका सपना था। जिसे साकार करने के लिए उन्होंने दिन-रात एक कर दिया। उन्होंने इस किताब के हर पन्ने को जिया, वास्तव में वे शांति के विशाल स्रोत थे। अपने जीवन में वे डेस्कटर्स, इमर्सन, हेगल, लेबनित्ज, शोपेनहावर और पिनोजा से ज्यादा प्रभावित थे।

लगातार अध्ययन और कड़ी मेहनत के फलस्वरूप उन्होंने सम्पत्ति, स्वास्थ्य और सफलता को मिलाकर एक नए दर्शन को जन्म दिया। जिस कारण उनका जीवन पूरी तरह बदल गया।

सौ साल पहले प्रकाशित इस पुस्तक ने अपार लोकप्रियता हासिल की, इसके बाद उनका निधन हो गया। वेट्टल्स का अविस्मरणीय लेखन आज भी लाखों लोगों का प्रेरणास्रोत है, जिसके माध्यम से वे अपना जीवन बदल रहे हैं।

प्रस्तावना

कई सारी असफलताओं से लड़ते हुए मैं 1983 से स्वयं का बिजनेस कर रही हूँ। अमेरिका के मैनहट्टन, में मेरी कंपनी उन कंपनियों के लिए मार्केटिंग सामग्री तैयार करती है जो फॉर्चून 500 में शामिल हैं। यह सामग्री व्यवसायियों के व्यापार बढ़ाने में सहायता करती।

पिछले आठ वर्षों से मैं उन लोगों की मदद कर रही हूँ, जो खुद का पार्ट टाइम या फुल टाइम बिजनेस करना चाहते हैं।

वह 1998 का बसंत था, जब एक अनजान व्यक्ति ने मुझे एक ऐसी किताब भेजी, जो 90 साल पहले लिखी गई। उस शानदार और छोटी-सी किताब ने मेरा पूरा जीवन बदल डाला। जिन सिद्धांतों को आप किताब में पढ़ेंगे, उनका परिणाम आश्चर्यजनक है। पुस्तक का शीर्षक ही इतना कमाल का था कि मैं किताब पढ़ने की जिज्ञासा को रोक नहीं पाई। पुस्तक की भाषा पुराने पैटर्न की थी और इसके कई सिद्धांतों से मैं स्वयं सहमत नहीं थी। लेकिन जब मैंने उसे दो-तीन बार पढ़ा तो मुझे उसका मर्म समझ में आया।

पुस्तक में बताए गए सिद्धांतों का पालन करने पर सभी कुछ बदलना शुरू हो गया। "आश्चर्यजनक" परिवर्तन हुए – संबंधों में विस्तार होने लगा... नए मित्र बनने लगे... नए स्रोत खुलने लगे... धन-संपदा में असाधारण वृद्धि होने लगी।

पुरानी सोच में तब्दीली लाना मुश्किल काम है। मैं इस समय किसी नए प्रोजेक्ट की शुरूआत करने के लिए तैयार नहीं थी, लेकिन मेरा व्यवसाय तेजी से आसमान छू रहा था। मेरा मुनाफा बढ़ चुका था, मैंने एक नया घर खरीदा। समाज के एलीट वर्ग से मेरी दोस्ती होने लगी। नए मौके लगातार सामने आ रहे थे, यह सब मेरी कल्पना से बहुत आगे की चीज थी।

इस पुस्तक को पढ़ने से पहले मैंने न तो इन चमत्कारों को पढ़ा था और न ही सुना था। अगर आप अमीर बनना चाहते हैं तो सम्पति और सफलता के इन नियमों

का पालन करना ही होगा। इन्हें जानकार विपरीत दिशा में चलने की बजाय हमें इनके साथ बहना होगा।

ऐसा करने पर आप पाएँगे कि हमारे द्वारा इच्छित परिणाम स्वयं चलकर हमारी ओर आना शुरु हो जाते हैं। यह एक वैज्ञानिक सत्य है कि क्रिया, प्रक्रिया और प्रतिक्रिया आपस में जुड़े होते हैं।

इस पुस्तक में लेखक कहते हैं, ये सिद्धांत कैसे काम करते हैं, ये जाने बिना इनका पालन सुनिश्चित करें। पहले मैंने इसका विरोध किया, लेकिन बाद में मैंने सहमति जताई। जैसे-जैसे पुस्तक खत्म होती गई, मेरे सवालों के जवाब मिल चुके थे। तब मुझे भान हुआ कि हमारी रूढ़िवादी सोच ही इसके विरोध के लिए मजबूर करती है। यह आपके साथ भी होगा, लेकिन आप डटे रहें और पुस्तक पढ़ना जारी रखें। बड़ी खूबसूरती से लिखी गई इस पुस्तक की यही विशेषता है कि आपकी सारी जिज्ञासाओं का समाधान अंत में हो जाएगा और आप अपने मन में ही कहेंगे, ओह! ऐसा है, तभी उस अध्याय में ऐसा कहा गया था।

पुस्तक में दिए गए स्वर्ण नियमों (Golden Rules) का पालन करें... आभार प्रदर्शन (Gratitude) को दैनिक प्रयोग में लाएँ... आप पाएँगे कि आपके साथ-साथ आपके संपर्क में रहने वाले सभी लोगों को इसका लाभ होगा।

समय से पहले और भाग्य से अधिक किसी को कुछ नहीं मिलता, पैसा ही पैसे को खींचता है या गरीबों का खून चूसकर ही अमीर बना जा सकता है, जैसी अपनी दकियानूसी विचारधाराओं को बदलने का प्रयास करें।

पुस्तक में दिए गए संदेशों पर खुले दिमाग से विशेष ध्यान दें। अपने अमूल्य लक्ष्य पर ध्यान जमाए रखें। अपनी सोच से मेल खाते लोगों से इस विषय पर नियमित विचार विमर्श करते रहें, तथा इसके परिणामों पर नजर जमाए रहें।

सपने को सच करने के लिए सभी जरूरी विशेषताएं आपके अंदर हैं।चाहे आप अपने बारे में कितना ही गलत क्यों न सोचते हो। कितने ही गलत विचार रखते हों। आप पहले भी कई बार विफलताओं का सामना कर चुके हों और आप सोचते हैं कि यह सब तो मैं पहले ही आजमा चुका हूँ, फिर भी आपमें भरपूर संभावनाएं छिपी हुई हैं, जिन्हें बस सामने लाना है। जरूरत इस बात की है कि इस पुस्तक में दिए गए तरीकों, संदेशों पर खुले दिमाग से विचार करने की।

एक कहावत है कि अगर आप किसी को शिद्दत से चाहें तो सारी कायनात भी उसे आपसे मिलाने को तैयार हो जाती है। उदाहरण के लिए आपकी तैयारी को मुक्कमल जगह पहुँचाने के लिए यह किताब आप पढ़ रहे हैं। यह मत भूलें कि आपकी और मेरी तरह दुनिया के लाखों लोगों को इस पुस्तक की आवश्यकता है। अब सवाल है कि इसके लिए आप कितने तैयार हैं, क्या आप अपने सपनों, अपने लक्ष्यों को पूरा करने के लिए तैयार हैं। क्या आप धनवान की श्रेणी में आने के लिए तैयार हैं। यदि आप अभी भी वह सब कुछ पाना चाहते हैं, जिसका सपना आप लंबे समय से खुली आंखों से देख रहे थे तो यह किताब आपके लिए ही है।

"यदि आप अपना जीवन बदलना चाहते हैं तो जरूरत है बस आपको अपनी सोच को बदल डालने की!"

— रेबेका फाइन

"आपका इंतजार किसी पर्वत की ऊंचाई को कम नहीं कर देगा। सही मार्ग पर ही सही, आपको दौड़ना तो पड़ेगा ही।"

— विल रोजर्स

दो शब्द

यह पुस्तक आपको कोई नई फिलॉस्फी नहीं सिखाती और न ही इसे नए नियम बनाने के लिए लिखा गया है। यह वह व्यवहारिक पुस्तक है, जो हर उस महिला और पुरुष के लिए लिखी गई है, जिसे अपने जीवन में ढेर सारा पैसा कमाना है और धनी वर्ग में शामिल होना है। इस पुस्तक का घोषित उद्देश्य ही लोगों को धनवान बनाना है। इसमें हवाबाजी करने वाले कोरे सिद्धांत नहीं है, कारगर नियम बताए गए हैं। यह परिणाम चाहने वाले लोगों के लिए है, जिन्हें अभी तक दर्शन विज्ञान का तथ्यात्मक अध्ययन करने का मौका नहीं मिला या यह कहिए कि अवसर नहीं मिला। ये विज्ञान के परिणाम के आधार पर काम तो करना चाहते हैं लेकिन उसकी प्रक्रिया से नाता नहीं रखना चाहते। उनके लिए यह प्रक्रिया समझ से परे हैं और इसीलिए वह इससे दूर रहना चाहते हैं।

आपसे उम्मीद जताई जाती है कि आप इस पुस्तक के सिद्धांतों का उसी प्रकार बिना सवाल और भरोसा किए अमल करेंगे, जिस प्रकार मारकोनी और एडीसन के सिद्धांतों का किया जाता है। मैं यह दावा करता हूँ कि इन सिद्धांतों का बिना ना नुकुर किए जो महिला और पुरुष इसका पालने करेगा, वह जल्द ही अपने आपको अमीरों की श्रेणी में पाएगा। वो इसलिए कि ये नियम विज्ञान पर आधारित हैं, जिनकी विफलता की आशंका शून्य प्रतिशत है।

ब्रह्मांड का अद्वैत सिद्धांत कहता है कि एक ही सब है और सब ही एक है। यानि एक ही तत्व भौतिक जगत के विभिन्न तत्वों में स्वयं को प्रकट करता है। इस सिद्धांत का प्रतिपादन सबसे पहले हिंदू धर्म में हुआ और पिछले क़रीब दो सौ साल से धीरे-धीरे पश्चिमी जगत भी इसकी ओर आकर्षित हो रहा है। यह सभी पूर्वी दर्शनों का आधार है। यह डेकार्ट, स्पिनोज़ा, लीबनिट्ज़, शोपेनहार, हीगल और इमर्सन जैसे विद्वानों के दर्शन का भी आधार है।

जो पाठक इसकी दार्शनिक नींव की गहराई तक जाना चाहते हैं, उन्हें हीगल और इमर्सन को पढ़ने की सलाह दी जाती है।

यह पुस्तक लिखते समय मैंने सरलता और आसान शैली का सबसे अधिक ध्यान रखा है, ताकि ये बातें सबकी समझ में आ सकें। यहाँ जो कर्म-योजना बताई गई है, वह दर्शन के निष्कर्षों पर आधारित है। इसे पूरी तरह परखा जा चुका है और यह व्यावहारिक प्रयोग की सबसे बड़ी परीक्षा में खरी उतरी है : यह कारगर है। अगर आप जानना चाहते हैं कि हम इन निष्कर्षों पर कैसे पहुँचे, तो ऊपर बताए गए लेखकों की पुस्तकें पढ़ें। लेकिन अगर आप इस दर्शन के फलों का स्वाद असल जीवन में चखना चाहते हैं, तो यह पुस्तक पढ़ें और इसमें बताए गए विशेष तरीक़े पर अमल करें।

शुभकामनाओं सहित आपका...

– वैलेस डेलोएस वेट्टल्स

1

अमीर बनिए

लोग ग़रीबी के बारे में चाहे कुछ भी कहें, लेकिन कोई भी इस सच्चाई से मुंह नहीं मोड़ सकता कि अमीर बने बिना कोई भी वाकई सुखी या सफल जीवन जी सकता है।

अगर आपके पास धन नहीं है तो इस कारण प्रतिभा प्रदर्शन और आत्मिक विकास के सर्वोच्च स्थान पर पहुँचना असंभव है। ऐसा इसलिए कि इन सब चीजों के लिए साधन चाहिए और साधन तक तक मुहैया नहीं हो सकते, जब तक आपके पास धन न हो।

किसी भी व्यक्ति के मानसिक, शारीरिक और आत्मिक विकास के लिए साधनों का उचित उपयोग अनिवार्य है और इसलिए अर्थ प्रधान इस युग में धनी बनने के विज्ञान से परिचित होना जरूरी है।

सबसे पहले आपको एक काम करना चाहिए, वह यह है कि किसी वस्तु को प्राप्त करने के लिए जरूरी धन के अभाव को दूर करें। तभी आप मानसिक, अध्यात्मिक और भौतिक विकास के लिए पूरी तरह समर्पित होकर काम कर सकेंगे। इसका मतलब है कि प्रचुर अमीर होने और अमीरी प्राप्त करने के झंझट से मुक्ति को आपकी तरक्की की शुरूआत कहा जा सकता है।

विकास ही जीवन का उद्देश्य होता है। हर इंसान वह बनना चाहता है, जो उसकी क्षमता के अंदर है। यह इंसानी स्वभाव का बुनियादी पहलू है। वह बने बिना रह ही नहीं सकते, जो हम बन सकते हैं। हर जीव को विकास करने का पैदाइशी अधिकार है, हम और जैसा विकास करने वह में सक्षम है (अमेरिका के संस्थापकों ने इसे 'ख़ुशी की खोज' कहा था)। हर इंसान को उन सारी चीज़ों के असीमित उपयोग का पूरा अधिकार है, जिसकी आवश्यकता उसे अपने पूर्ण मानसिक, आध्यात्मिक और शारीरिक विकास के लिए है। संक्षेप में, हम सभी को अमीर बनने का अधिकार है।

इस पुस्तक में मैं कोई दार्शनिक या साहित्यिक बातें नहीं कर रहा हूँ। मैं सिर्फ़ मनोवैज्ञानिक या भावनात्मक दौलत की बात नहीं कर रहा हूँ। सचमुच अमीर बनने का अर्थ थोड़े से ही संतुष्ट हो जाना नहीं है। किसी को भी थोड़े से ही संतुष्ट नहीं होना चाहिए, वह भी तब, जब वह अधिक का उपयोग कर सकता हो और आनंद उठा सकता हो। प्रकृति का उद्देश्य समस्त जीवन को आगे ले जाना और विकास करना है, जिसका अर्थ है कि हर इंसान के पास वह सब होना चाहिए, जो उसके जीवन की शक्ति, सुरुचि, सुंदरता और समृद्धि में योगदान दे सके। इससे कम में संतुष्ट होना प्रकृति की मंशा के विरुद्ध है।

अमीर बनने की इच्छा रखना कोई गलत नहीं है, क्योंकि इस इच्छा के पीछे धन, वृद्धि, पूर्णता तथा प्रचुरता की भावना छिपी होती है जो पूरी तरह प्राकृतिक है, इसलिए जो व्यक्ति अपने जीवन को पूरी तरह से जीने की कामना नहीं रखता हो मेरी नज़र में वह असामान्य है, ठीक इसी प्रकार धन की प्राप्ति के लिए संघर्ष से परहेज रखने वाले व्यक्ति को भी असामान्य ही कहा जाएगा।

हम तीन चीजों (शरीर, मस्तिष्क तथा आत्मा) के लिए जीते हैं। इन तीनों में से कोई भी एक-दूसरे से अधिक महत्त्वपूर्ण पवित्र अथवा विशेष नहीं है, तीनों का अपना विशेष महत्त्व है, तथा इनमें से किसी भी एक के साथ समझौता करके पूर्ण जीवन जीने की कामना करना व्यर्थ है। आज अधिकतर लोग मात्र शरीर के लिए जी रहे हैं। अपनी बात को बड़ी रखने के लिए वे कह सकते हैं जब तक आपका शरीर सही प्रकार से कार्य नहीं कर रहा हो तब तक आपको स्वस्थ नहीं कहा जा सकता, परंतु यही बात मस्तिष्क तथा आत्मा के लिए समान रूप से लागू होती है। शरीर, मस्तिष्क अथवा आत्मा के पूर्ण प्रदर्शन के अभाव में असंतोष का जन्म होता है। ऐसे में अधूरी कामना निरंतर अपनी पूर्णता का मार्ग खोजती रहती है।

हमारे शरीर को अच्छे रोटी, कपड़ा और मकान के साथ-साथ कठोर परिश्रम से मुक्ति की आवश्यकता है। इसके अतिरिक्त आराम तथा मनोरंजन भी जरूरी है।

इसी प्रकार अच्छे मानसिक स्वास्थ्य के लिए अच्छी पुस्तकें पढ़ना, घूमना-फिरना, महसूस करना तथा बुद्धिमान मित्रों की संगत में रहना अत्यावश्यक है। दिमागी कसरत, गीत-संगीत, कला एवं सौंदर्य में रुचि तथा प्रशंसा भी मस्तिष्क को सकारात्मक बनाए रखने में सहयोगी होते हैं। वास्तव में, मानसिक स्तर पर पूरी तरह जीने के लिए हमें अलग-अलग चीजों में रुचि लेनी ही चाहिए। हमें कला और सौंदर्य से जुड़ी चीजों में स्वयं को घेर लेना चाहिए, ताकि हम उनका आनंद ले सकें।

प्रेम आत्मा का आहार है, तथा दरिद्रता प्रेम की पूर्ण अभिव्यक्ति का विरोध करती है। जिन्हें हम प्यार करते हैं उन्हें सहयोग करना हमें अच्छा लगता है क्योंकि समर्पण प्रेम का स्वाभाविक गुण है। किसी व्यक्ति के पास देने के लिए यदि कुछ भी नहीं है तो ऐसे में वह एक अच्छा जीवन साथी, अभिभावक, नागरिक अथवा मनुष्य कैसे बन पाएगा। हम अपने शरीर को सुखी बनाने के लिए भौतिक वस्तुओं का उपयोग करते हैं, जिससे मस्तिष्क तथा आत्मा का भी विकास होता है, इसलिए धनी बनने को प्राथमिकता देना हमारा प्रथम कर्त्तव्य है। यह बिलकुल सही है कि आप अमीर बनने के विज्ञान पर पूरा-पूरा ध्यान दें, क्योंकि यही तो सबसे बुनियादी ज्ञान है।

वास्तव में, इस ज्ञान को नजरअंदाज करना स्वयं के प्रति, ईश्वर के प्रति और मानवता के प्रति अपने कर्तव्य में लापरवाही करना है। क्योंकि आप ईश्वर और मानवता की जो सर्वोच्च सेवा कर सकते हैं, वह है अपना अधिकतम विकास करना।

2

अमीरी का विज्ञान

यह भली-भाँती साबित है कि गणित और भौतिकी की तरह अमीर बनने का भी एक विज्ञान होता है। इसके भी कुछ निश्चित नियम होते हैं और कोई भी व्यक्ति इन नियमों को सीखेगा और पालन करेगा, वह निश्चित रूप से अमीर बन जाएगा।

देखा गया है कि एक निश्चित कार्यप्रणाली के साथ निरंतर प्रयास करने से धन की प्राप्ति होती है, जो लोग जाने-अनजाने इस कार्यप्रणाली का पालन करते हैं, वे अमीर बन जाते हैं जबकि बाकी लोग कठिन परिश्रम करने के बाद भी ग़रीब रह जाते हैं।

क्रिया-प्रतिक्रिया के नियम की भांति यह एक अचूक नियम है, इसलिए जो भी स्त्री अथवा पुरुष इसे सीख कर इसका पालन करेगा, निश्चित तौर पर वह धनवान बनेगा।

अगर माना जाए कि अमीर होना यदि किसी विशेष वातावरण का परिणाम होता तो एक निश्चित दशा में रहने वाले सभी लोग पैसे वाले कहलाते अथवा किसी टाउन के सभी लोग धनी होते जबकि बाकी शहरों के लोग ग़रीब। या ऐसा भी संभव है कि किसी विशेष देश या प्रदेश के लोग अमीर होते और बाकी देशों और प्रदेशों के लोग ग़रीब।

अगर खोजा जाए तो आप पाएंगे कि अमीर और ग़रीब एक ही दशा में और व्यवसायों में रत होते दिखेंगे। एक ही स्थान पर दो लोग एक जैसे व्यापार में अमीर और ग़रीब हैं। इस सीधा मतलब है कि अमीरी और ग़रीबी का पारिस्थितियों से कोई ताल्लुक नहीं। इसका यह भी अर्थ है कि आपकी अमीरी या ग़रीबी वातावरण का प्रभाव पर निर्भर नहीं है।

कुछ परिस्थितियां आपके लिए अधिक अनुकूल हो सकती हैं, परंतु फिर भी समान वातावरण तथा व्यापार के चलते कुछ लोग सफल है और कुछ विफल! अतः कहा जा सकता है कि सफलता अथवा अमीरी एक निश्चित मकैनिज्म का परिणाम है। तथा ऐसा भी नहीं है कि इस कार्यप्रणाली पर किसी व्यक्ति विशेष का एकाधिकार है अथवा इसका पालन करने के लिए आप में किसी विशेष प्रतिभा अथवा योग्यता का होना आवश्यक है, क्योंकि इस दुनिया में बड़े से बड़े प्रतिभावान व्यक्ति कम योग्यता वाले लोगों की चाकरी कर रहे हैं।

जब और अध्ययन किया गया तो पता चला कि ऐसा नहीं है कि औरों के बनस्पित अमीर ज्यादा बुद्धिमान और योग्य होते हैं। या फिर ऐसा कोई गुण जो अन्य किसी में नहीं होता। बल्कि उनके काम करने का तरीका अलग होता है।

कोई कंजूस और धन का संग्रह कर भी अमीर नहीं बनता, क्योंकि खुलकर पैसा खर्च करने की आदत भी अधिकतर अमीरों में ही पाई जाती है, इसके उलट कंजूसी और बचत जैसी आदतों के शिकार ग़रीब ज्यादा होते हैं।

न ही अमीर उन चीजों को करने से धनी होते हैं, जिन्हें करने में अन्य लोग विफल हो जाते हैं क्योंकि एक ही व्यापार में समान चीजें करने पर भी कुछ लोग सफल हो जाते हैं और कुछ दिवालिया।

जो बातें ऊपर कही गई हैं, उससे परिणाम निकाला जा सकता है कि धनी बनने के लिए एक निश्चित और निर्धारित कार्यप्रणाली का पालन करना अनिवार्य है। अगर इसे सही माना जाए तो विज्ञान के अन्य सिद्धांतों की तरह अमीरी का सिद्धांत भी तय किया जा सकता, उसे लिखा जा सकता है। जिसे सीखकर उसका पालन करके कोई भी स्त्री पुरुष धनवान बन सकता है। इसे अमीरी के विज्ञान की नई संज्ञा दी जा सकती है।

दुनिया में अमीरों के मुकाबले ग़रीबों की ज्यादा संख्या को देखते हुए सहज पूछा जा सकता है कि क्या अमीर बनने का रास्ता दुर्गम तो नहीं। हालांकि जितना हमने इस पर अध्ययन किया है, उसके अनुसार ऐसा नहीं है। इसका कारण है कि प्रकृति ने अमीर बनने के लिए जरूरी गुण हम सभी में पहले ही से डाले हैं, तभी तो बुद्धिमान, प्रतिभावान, मूर्ख, स्वस्थ, अस्वस्थ, बलवान तथा कमजोर सभी प्रकार के लोग अमीर बन चुके हैं।

जहां तक सुनने और समझने की बात है तो मैं मानता हूँ जो कोई भी मेरी बातों का अर्थ निकाल सकता है, समझ सकता है, वो अमीर बनने के काबिल है। हमने यह

भी जाना कि हमारा अमीर बनना किसी वातावरण विशेष पर निर्भर नहीं करता। हाँ, कुछ जगह ऐसी जरूर हैं जहाँ यह नियम लागू नहीं होता जैसे कि सहारा मरुस्थल।

अमीरी होने के प्रक्रिया में आपका लोगों से व्यवहार काफी मायने रखता है। ग्राहकों की पसंद समझने सबके बस की बात नहीं, यह एक कला है। लेकिन समय आने पर यह भी भाषा, माहौल तथा जगह के हिसाब से बदल जाता है। मैं तो बस इतना जानता हूँ कि यदि आपके शहर का एक भी आदमी अमीर बन सकता है तो आप उनमें से क्यों नहीं हो सकते।

मैं फिर कहता हूँ कि अमीर बनने के लिए किसी विशेष व्यापार अथवा पेशे को अपनाने की जरूरत नहीं है। आम हर प्रकार का व्यवसाय या पेशा अपना कर अमीर बन सकते हैं। यह भी हो सकता है कि यही काम करने वाले आपके पड़ोसी ग़रीब रह जाएं।

आप अपना सर्वश्रेष्ठ प्रदर्शन तभी कर पाएंगे, जब आप अपने रूचि वाले काम में हाथ डालेंगे। साथ ही सही प्रकार से विकसित किए गए गुण (प्रतिभा) आपकी सफलता की गारंटी बन सकते हैं। अपने वातावरण के अनुकूल व्यापार का चुनाव करें, आइस्क्रीम का व्यापार करने के लिए ठंडी जलवायु की जगह गर्म प्रदेश अधिक उपयुक्त रहते हैं, मत्स्य उद्योग के लिए फ्लोरिडा के स्थान पर अमेरिका के उत्तर-पश्चिमी भाग अधिक उपयोगी हैं।

यह जान लें कि आपकी कामयाबी किसी निश्चित व्यवसाय पर निर्भर नहीं रहेगी, इसके लिए आपको एक सुनिश्चित कार्यक्रम अपनाना पड़ेगा। यदि व्यापार समान है और आपका पड़ोसी आपसे अधिक सफल है तो सीधा अर्थ आप दोनों की कार्यप्रणाली का अंतर है। यदि आप भी धनी बनना चाहते हैं तो किस्मत को कोसना छोड़कर आपको अपने पड़ोसी की कार्यप्रणाली अपनानी पड़ेगी।

पैसे का न होना किसी के धनी बनने के मार्ग में बाधा पैदा नहीं करता। यदि आपके पास बहुत सारा धन है तो आपको धनी बनने के विषय में चिंता करने की जरूरत ही नहीं है। यदि आप रुपए-पैसे की तंगी से ग्रस्त हैं और आप अमीरी के विज्ञान का पालन करना आरंभ कर देते हैं तो कुछ ही समय बाद आप पाएँगे कि आप धनी बनना शुरु हो जाते हैं। धन संपत्ति का आना इस बात का तो सूचक है ही कि आप अमीर बनते जा रहे हैं, साथ ही यह बात का भी सूचक है कि आप अमीरी के विज्ञान का पालन सही प्रकार से कर रहे हैं।

यह हो सकता है कि आप दुनिया के सबसे ग़रीब इंसान हों, यह भी हो सकता है कि आप गले तक कर्ज में डूबे हों। यह भी हो सकता है कि आपके पास दोस्त, शक्ति या फिर संसाधनों का अभाव हो, लेकिन यदि आप अमीरी के सिद्धांतों को अपनाना शुरू कर देते हैं तो निश्चित तौर पर आप अमीर बनने लगेंगे, क्योंकि समान कारणों के हमेशा समान परिणाम मिलते हैं। अगर आपके पास पूंजी नहीं है तो आपको पूंजी मिल सकती है, अगर आप गलत व्यवसाय में हैं तो आप सही व्यवसाय में पहुँच सकते हैं, आप गलत शहर में हैं तो आप अपनी मनचाही जगह पर जा सकते हैं।

यह सब कुछ आप अपने वर्तमान में किसी भी प्रकार की छेड़छाड़ किए बिना अमीरी के विज्ञान का पालन करते हुए कर सकते हैं जिसकी सफलता की दर सौ प्रतिशत है।

और आप यह सभी कुछ वर्तमान वातावरण तथा व्यापार में रहकर, अमीरी के उस विज्ञान का पालन करते हुए कर सकते हैं जिसका परिणाम सौ प्रतिशत सफलता है। आएं और प्रकृति के नियमों का पालन कर जीवन में खुशहाली लाएं।

"अवसर किसी काम में नहीं बल्कि आप में छिपा होता है।"

3

समान अवसर

कोई भी व्यक्ति इस वजह से ग़रीब नहीं है, क्योंकि किसी दूसरे व्यक्ति ने दुनिया की सारी दौलत पर एकाधिकार कर लिया है और उसके चारों तरफ कांटों भरी बाड़ लगा दी। यदि आप सोचते हैं कि आपके प्रदेश अथवा व्यापार में सफलता के सभी अवसर समाप्त हो चुके हैं, तो ऐसे में कामयाबी की नई दिशाओं पर अपना ध्यान केंद्रित करना उचित रहेगा।

प्रकृति कभी किसी को मौके के लाभ उठाने में बाधा नहीं डालती। यह सभी से भेदभाव रहित होकर व्यवहार करती है, चाहे वह राजा हो, भिखारी हो, ग़रीब हो या नौकर हो। यह सभी को प्रगति के समान रास्ते मुहैया कराती है।

नौकरों को उनके मालिकों द्वारा दबाकर या फिर बड़े व्यापार के माध्यम से कुचलकर ग़रीब नहीं बनाया जाता बल्कि उन लोगों की कार्यप्रणाली, सोच तथा नजरिया अमीरी के विज्ञान के विरोधी होते हैं।

अमीरी के विज्ञान की ओर सोचने से दास भी स्वामी का स्वरूप ग्रहण कर सकते हैं। इन नियमों में भेदभाव नहीं है। ये सभी के लिए एक समान काम करते हैं। बस आपको इनका पालन करना है। जो लोग ऐसा नहीं करेगा, तो उनकी ग़रीबी को ख़ुदा भी नहीं रोक सकता। यह पुस्तक उन लोगों के लिए नियमों को सीखकर अमीर बनाने का एक बेमिसाल उपाय है जो अभी तक इन नियमों से परिचित नहीं थे।

एक बात जान लें कि आपूर्ति के न होने के कारण कोई ग़रीब नहीं है। प्रकृति की अपार संपदा आपको प्रदान करने के लिए हमेशा से तैयार है। यह इतनी है कि छोटे से राज्य मात्र में उपलब्ध विशाल निर्माण सामग्री के द्वारा पृथ्वी पर बसे प्रत्येक परिवार के लिए भव्यतम महल तैयार किए जा सकते हैं। इसके अतिरिक्त तन ढकने के

लिए बेशकीमती कपड़ा तथा खाने के लिए स्वादिष्ट भोजन का भी विशेष प्रबंध किया जाएगा, वो इसलिए कि आपूर्ति का भंडार कभी न समाप्त होने के योग्य है।

जो भी पृथ्वी पर नजर आ रहा है, वह मूल तत्व से निर्मित हुआ। यही मूल तत्व प्रत्येक वस्तु की रचना का जिम्मेदार है, नई अवस्थाओं तथा रूपों को जन्म दिया जाता है तथा पुरातन को मिटा दिया जाता है। इन सबके पीछे परमेश्वर की योजना कार्यप्रणाली तथा कल्पना कार्य कर रही है।

मूल तत्व को लगातार आपूर्ति प्राप्त हो रही है। पृथ्वी स्वयं इसी मूल तत्व से निर्मित है। ब्रह्माण्ड में उपस्थित सभी दृश्य-अदृश्य चीजों तथा अवस्थाओं का जन्म भी इसी मूल तत्त्व से हुआ है। इनमें चांद, तारे, सूर्य, आकाश, प्रकाश, जल, वायु, ग्रह, उपग्रह आदि शामिल हैं। फिर भी इसका अंश मात्र तक समाप्त नहीं हुआ है।

किसी की ग़रीबी के लिए न तो प्रकृति और न ही उसके विशालकाय स्रोत जिम्मेदार है। पृथ्वी कभी न समाप्त होने वाले खजाने से भरपूर है। जिसकी आपूर्ति रूकने वाली नहीं, कभी भी इसमें बाधा उत्पन्न नहीं होगी।

मूल तत्त्व निर्माण ऊर्जा के साथ मिलकर निरंतर नई संभावनाओं, अवसरों, रूपों तथा अवस्थाओं को जन्म दे रहा है। निर्माण सामग्री की आपूर्ति में बाधा पड़ने पर इसे और अधिक मात्रा में तैयार किया जाएगा, ताकि वैभवशाली भवन तैयार किए जा सकें। भूमि के खराब होने पर उसे और अधिक उपजाऊ बनाया जाएगा ताकि वस्त्र तथा भोजन सामग्री की आपूर्ति बनी रहे। जब भी जरूरत होगी सोने, चांदी तथा हीरे जवाहरात को या तो पृथ्वी के गर्भ से बाहर निकाला जाएगा अथवा मूल तत्त्व द्वारा उत्पन्न किया जाएगा। यह याद रखें कि मानवता की आवश्यकता के जरूरी तत्वों की आपूर्ति के लिए यही मूल तत्व जिम्मेदार है और इस जिम्मेदारी से वह कभी अपने हाथ नहीं खींचेगा।

यह सभी इंसानों के लिए सच है। अधिक धन प्राप्त करना हमारा अधिकार भी है और कर्त्तव्य भी है। इसके बाद भी कोई अपनी ग़रीबी में खुश है तो वह प्रकृति के नियमों का उल्लंघनकर्ता है।

'विचार' मूल तत्त्व का एक अंश मात्र है। अतः मूल तत्त्व भी सोचने-समझने की क्षमता रखता है। मूल तत्त्व जीवन को प्रचुरता की ओर प्रेरित करते हुए निरंतर कार्यरत है।

जीवन की प्रकृति है प्रचुरता की खोज, सूचना फैलाना, और खुद को व्यक्त करना। पूर्ण प्रदर्शन की प्राप्ति के लिए अनाकार तत्त्व विश्व के रूप में आकार ग्रहण

करता है। पृथ्वी के उदाहरण से इसका समझा जा सकता है। प्रचुरता में सहयोग के लिए प्रकृति की रचना की गई है। जीवन को जीने और उसका विस्तार करने के लिए आवश्यक सभी चीजों की आपूर्ति प्रकृति के माध्यम से हो रही है। यह परमात्मा की योजना है, जिसे नकारना भी ईश्वर का एक अधिकार है।

अगले कुछ अध्याय में हम आपको बताएंगे कि आपकी ग़रीबी के लिए प्रकृति क्यों दोषी नहीं है।

"कोई भी खाली पेट अच्छा सलाहकार नहीं बन सकता।"

— आइंस्टीन

4

पहला नियम

विचार ही एकमात्र ऐसी शक्ति है जो अनाकार तत्त्व से दौलत पैदा कर सकती है।

इससे पहले के अध्याय में आपको पता चला कि विचार मूल तत्व का ही भाग है, जिससे प्रत्येक वस्तु का निर्माण होता है। यह निर्माण अपनी सोच के आधार पर भिन्न-भिन्न आकार ग्रहण करता है। विचारों के मुताबिक मूल तत्व कार्य करता है। प्रकृति में दिखाई देने वाले सभी आकार, रंग, रूप एवं अवस्थाएँ मूल तत्व के विचारों की दृश्य अभिव्यक्ति हैं। जिसका कोई आकार नहीं है वह तत्व किसी भी आकार में आ सकता है और कोई भी काम करने में सक्षम होता है। सभी तरह की वस्तुओं की उत्पत्ति इसी प्रणाली से हुई।

यह विचारों का संसार है जिसमें हम सभी जीते हैं। यह विचारशील ब्रह्मांड का हिस्सा है। पहले गतिमान ब्रह्मांड का विचार निराकार तत्व में फैला।

विचार तत्व इसी धारणा के अनुरूप गति करते हुए एक तारा या नक्षत्र का आकार ग्रहण करता है। सौरमंडल इसी प्रकार रचित होता है। अपनी पूर्व धारणा के अनुसार आकार ग्रहण करना और गति करना विचार तत्व की मूल प्रकृति है।

बडे-बडे वट वृक्ष की रचना के विचार के फलस्वरूप उसी दिशा में विचार शक्ति लगाते हुए वट वृक्ष का निर्माण होता है। फिर चाहे इसमें कितने ही वर्ष का समय लगे। इसके निर्माण के लिए अनाकार तत्व पहले से तय कार्यक्रम का पालन करता है।

विशाल वट वृक्ष की उत्पत्ति के विचार के परिणाम स्वरूप उसी दिशा में गति करते हुए विशाल वट वृक्ष को ही जन्म दिया जाता है, फिर चाहे इस प्रक्रिया के पूरा

होने में कितना ही समय क्यों न लगे । इस निर्माण के लिए अनाकार तत्त्व अवस्था परिवर्तन के द्वारा वृक्ष का तुरंत निर्माण की बजाए एक पूर्व निर्धारित कार्यक्रम का पालन करता है।

प्रत्येक निर्माण के विचार की तरंगों को विचार तत्त्व द्वारा ठोस आकार प्रदान किया जाता है, परंतु इसके लिए निर्माण से संबंधित पूर्व निर्धारित कार्यक्रम का पालन करना अनिवार्य होता है।

हो सकता है मनचाहे घर के निर्माण का विचार, मूल तत्त्व पर सीधे आरोपित करने से आपको इसके तुरंत परिणाम न मिलें परंतु आपका विचार निर्माण ऊर्जा में परिवर्तित होकर आपके द्वारा वांछित घर के निर्माण के लिए पूर्व निर्धारित मार्ग से होते हुए आपके लिए (आपके विचार के अनुरूप) एक सुंदर घर का निर्माण तुरंत आरंभ कर देता है । और यदि घर के निर्माण के लिए मार्ग तैयार नहीं है तो आपका घर किसी जैविक (Organic) अथवा अजैविक (Inorganic) शक्ति त की प्रतीक्षा के बिना मौलिक तत्त्व की सहायता से तुरंत तैयार किया जाता है ।

बिना किसी अस्तित्व के निर्माण का विचार मूल तत्व पर आरोपित करना असंभव है । इसका मतलब है कि जो कुछ आप अपने दिमाग में सोचते हैं, दुनिया में उसका अस्तित्व कहीं न कहीं अवश्य होता है चाहे वह दृश्य रूप में हो या फिर अदृश्य रूप में। इसे अमीरी के विज्ञान का पालन करते हुए सहज रूप से प्राप्त किया जा सकता है।

सबसे पहले हमारे मस्तिष्क में विचार जन्म लेते हैं। हमारे द्वारा किया गया कोई भी निर्माण का सृजन सबसे पहले मस्तिष्क में ही होता है। दिमाग में बिना किसी समुद्र मंथन के किसी भी प्रकार का निर्माण संभव नहीं है।

अभी तक हमारे सभी प्रयास शारीरिक श्रम तक ही सीमित हैं । नव निर्माण, रूपांतरण अथवा परिवर्तन के द्वारा किया जा रहा है । विचारों के द्वारा अनाकार तत्त्व से निर्माण के विषय पर अभी तक सोचा भी नहीं गया है । अपने विचार को मूर्त रूप देने के लिए हम प्रकृति के साधनों का उपयोग करते हैं । अभी तक बहुत ही कम अथवा न के बराबर निर्माण किया गया है, जिसे परमपिता को मनुष्य के सहयोग अथवा उपहार की संज्ञा दी जा सके । मनुष्य द्वारा ईश्वर की भांति निर्माण करने के विषय में अभी तक विचार तक नहीं किया गया है ।

मानवीय परिश्रम के द्वारा हम दोहन, परिवर्तन और रूपांतरण में बिजी हैं लेकिन अब समय आ गया है कि अपनी समस्त क्षमताओं के द्वारा नए का सृजन करना जरूरी

हो गया है। इस महान कार्य में विशेष योगदान देने के लिए मैं आपको आमंत्रित करता हैं। इसके लिए सर्वप्रथम आपको निम्नलिखित मौलिक तथ्यों पर विश्वास करना होगा।

सभी वस्तुओं का निर्माण मूल तत्त्व से हुआ है। भिन्न-भिन्न दिखाई देने वाली वस्तु एवं अवस्थाएँ एक ही तत्त्व की विभिन्न अभिव्यक्ति मात्र हैं। अलग-अलग प्रकार के सभी जैविक अजैविक पदार्थ तथा अवस्थाओं का जन्म एक ही तत्त्व से हुआ (होता) है, जिसे विचार तत्त्व द्वारा तैयार किया जाता है।

आपका विचार, विचार तत्त्व की सहायता से स्वयं की काल्पनिक आकृति तैयार करता है। मानव मस्तिष्क मूल विचार केंद्र के समान है, जो वास्तविक विचारों को पैदा करने की पूर्ण क्षमता रखता है। यदि आप अपने विचार को विचार तत्त्व की गहराई तक पहुँचा सकें तो इसकी परिणति इसके निर्माण के रूप में होती है।

अभी तक हमने जाना:

सभी चीजें एक ही मूल निराकार तत्व से बनती हैं।

अलग-अलग दिखने वाले सभी तत्व वास्तव में एक ही तत्व के भिन्न संस्करण हैं।

प्रकृति में पाए जाने वाले सभी सजीव और निर्जीव आकार बस उसी तत्व के भिन्न-भिन्न आकार हैं, तत्व में रखे गए विचार उस विचार में मौजूद आकार को पैदा करते हैं।

कुछ लोग पूछ सकते हैं कि क्या मैं यह साबित कर सकता हूँ, तथा विस्तार में जाए बिना मेरा जवाब होगा-हाँ, तर्क एवं अनुभव दोनों के आधार पर मैं ऐसा कर सकता हूँ। अभी तक हमने विचार, निर्माण तथा विचार तत्त्व के तथ्य पर प्रकाश डाला। हमने यह भी जाना की ईश्वर की भांति मनुष्य भी सोचने तथा निर्माण करने की क्षमता रखता है। इस तथ्य का प्रयोग मैं स्वयं पर पहले ही करके देख चुका हूँ, इसलिए मैं दावे के साथ कह सकता हूँ कि यह बात सौ प्रतिशत सत्य है।

जो कोई भी इस पुस्तक को पढ़कर उसमें दिए गए निर्देशों का पूरी तरह पालन कर रहा है तो उसका अमीर बनना सौ प्रतिशत की गारंटी है। इसके प्रमाण के लिए आपको इस किताब में दिए गए निर्देशों का हूबहू पालन करना पड़ेगा।

वाल्दो इमर्सन का यह कथन तो जगप्रसिद्ध है – *जब आप ठान लेते हैं तो मंजिल तक पहुँचने में ईश्वर आपकी मदद करता है।*

पिछले अध्याय में मैंने एक निश्चित रूपरेखा-कार्यप्रणाली की चर्चा की थी, जिसका पालन करने के लिए आपको एक निर्धारित रास्ते पर चलना होगा। यदि आप रिजल्ट चाहते हैं तो उस दिशा में आगे बढ़िए जिसके बारे में बताया गया है।

अपने मनपसंद कार्यों को करने से आप वह सोचना आरंभ कर देते हैं जिसे सोचना आपको अच्छा लगता है, यही अमीरी का पहला नियम है।

और अपनी पसंद की चीजों के बारे में सोचना ही सबसे बड़ी ईमानदारी है।

ईश्वर ने हमें ऐसा बनाया है कि हम वह सब कुछ सोच सकते हैं जो हम चाहते हैं। यह ईश्वर का सबसे बड़ा वरदान है। लेकिन अगर आप वर्तमान में रहते हुए भविष्य में सोचें तो यह थोड़ा कठिन अवश्य है। इसका कारण है कि वर्तमान तो दिखता जबकि भविष्य के बारे में कोई निश्चित धारणा नहीं है और न ही वह नजर आता है। इसलिए इसकी योजना तैयार करना बहुत कठिन है।

इसलिए अधिकतर लोग इससे कतराते हैं। जो प्रत्यक्ष रूप से दिखाई देता है उसे नकारना बहुत ही मुश्किल होता है अतः हम जो कुछ भी देखते हैं वही हमारी सोच बन जाती है। इसके विपरीत पहले अपनी सोच को तैयार करना फिर उसे साकार रूप देना कठिन परंतु ईमानदारी से भरा कार्य है।

ग़रीबों की ओर नजर दौड़ाने पर इसकी प्रचुरता आपके मस्तिष्क में निर्धनता से संबंधित सोच को जन्म देती है, ऐसे में अपने लिए अमीरी के विचार को बनाए रखना कठिन हो जाता है। इसी प्रकार अस्वस्थ अवस्था में निरोगी बने रहने का विचार अपने मस्तिष्क में पैदा करना अथवा बनाए रखना बहुत ही मुश्किल कार्य होता है। ऐसी कमजोर भावनाओं से लड़ने तथा सकारात्मक सोच को बनाए रखने के लिए एक विशेष मानसिक क्षमता की आवश्यकता होती है, जिन लोगों के पास यह ताकत होती है वह मास्टर माइंड कहलाते हैं। ऐसे लोग असाधारण होते हैं। वे अपने भाग्य को वश में करके विजय प्राप्त करने तथा सपने साकार करने की योग्यता रखते हैं।

ऐसे लोग अमीरी के विज्ञान पर आँख मूंद कर भरोसा करते हैं। तथा सौ प्रतिशत इसका पालन भी करते हैं। आप भी इसे सीख सकते हैं। इस पर विश्वास करके आप जब इसका पालन करना आरंभ कर देते हैं तो पाएँगे कि सभी पूर्वाग्रहों, भय तथा शंकाओं से आप मुक्त हो रहे हैं।

तब आप भी मनचाहा कार्य कर पाएँगे, वह सभी कुछ प्राप्त कर पाएँगे जो आप पाना चाहते हैं, तथा वह बन पाएँगे जो आप बनना चाहते हैं। बस आपको पूर्व उल्लेखित तीन तथ्यों पर विश्वास करना होगा, जिन्हें मैं दोहराना पसंद करूँगा:

सभी चीजों का निर्माण विचार तत्त्व से हुआ है, यही वह मूल पदार्थ है जो दृश्य-अदृश्य रूप में भिन्न-भिन्न आकार प्रकार में सर्वत्र व्याप्त है।

इस तत्त्व के अंदर जन्मे विचारों के अनुरूप ही वस्तुओं का निर्माण किया जाता है।

मानव मस्तिष्क मनचाहे विचारों को जन्म देकर अनाकार तत्त्व की सहायता से उन्हें साकार रूप देने की क्षमता रखता है।

सबसे जरूरी बात यह है कि जब आप इसका पालन करें तो अपना पूरा फोकस तथ्यों पर ही रखें। यह काम तब तक करना है कि जब तक आप इन्हें व्यवहार में नहीं लाने लगते। इन्हें कई बार पढ़ें, अपने पर विश्वास करते हुए आदत बनाएं। इससे जो शंकाएं पैदा होंगी, उसका केवल एक ही समाधान है कि आप अपने आत्मविश्वास में इजाफा करें और इस मुद्दे पर किए जाने वाले तर्क-वर्तकों से बचें।

आपको अपने स्तर पर कई सुधार लाने होंगे, जैसे ऐसी धर्म सभाओं का बहिष्कार करें जहाँ अधिकतर यह सिखाया जाता है कि पैसा (सम्पत्ति) समस्त विपत्तियों की जड़ है, लक्ष्य के विपरीत दिशा में ले जाने वाली पुस्तकों, पत्र तथा पत्रिकाओं से दूरी बनाए रखें। इसमें जरा सी चूक सब कुछ बर्बाद कर सकती है।

मैं ऐसा क्यों कह रहा हूँ वह न पूछें। मेरी कही बातों की सच्चाई का पता लगाने के प्रयास में अपना समय व्यर्थ न गवाएँ। फिलहाल तो बस उन पर विश्वास करें। अमीर बनने का विज्ञान इस बुनियादी विचार की पूर्ण स्वीकृति से शुरू होता है।

5

जीवन विस्तार

अब वह समय आ चुका है कि आप इस विचार के बचे-खुचे अवशेषों को भी बाहर निकाल दें कि आप किसी देवी-देवता की इच्छा के कारण ग़रीब हैं या आपके ग़रीब बने रहने से किसी का भला होता है। दैवी शक्ति, चाहे उसे ईश्वर कहें, परमपिता, ईसा मसीह, ब्रह्मा, देवी या ताओ कहें, ब्रह्मांड का बुनियादी सिद्धांत है, जो जीवन, प्रज्ञा, बुद्धि और प्रेम के अनिवार्य गुणों से सम्पन्न है। इसलिए इन गुणों की क्रियाविधि को समझना वास्तव में ईश्वर की क्रियाविधि देखना है और इंसान के लिए ईश्वर की इच्छा को समझना है।

इच्छा शक्ति से पर्वत तक हिलाए जा सकते हैं – एक पुरानी कहावत।

हम सब में शामिल और जो सभी निर्माण के लिए जिम्मेदार है, वह विचार तत्व सभी प्रकार की इच्छाओं को पूरा करने में में मदद करता है।

बढ़ना जीवन का लक्षण है और निसर्ग की प्रकृति भी। प्रत्येक जीवित पदार्थ अपने लिए निरंतर विस्तार खोजता है। मिट्टी में दफन हर बीज बढ़ने की प्रक्रिया के माध्यम से सैंकड़ों बीजों को जन्म देने में सक्षम दे पाता है। बढ़ने या विस्तार के क्रम में जीवन स्वयं की संख्या में बढ़ोत्तरी करता रहता है। जीवन के विकास के लिए विस्तार जारी रहने जरूरी भी है और रहना भी चाहिए।

इंटेलीजेंस विस्तार का विरोध नहीं करता है, बल्कि हमारा दिमाग भी विस्तार को पसंद करता है। हर नया विचार प्रत्येक विचार से जन्मता है। हर कथ्य आने वाले नए कथ्य को सीखने की प्रेरणा है। प्रज्ञा (Wisdom) की सहायता से ज्ञान एवं प्रतिभा को निरंतर विस्तार मिल रहा है। प्रकृति से अधिक की कामना करना हमारा जन्म सिद्ध अधिकार है। विस्तार हमें अधिक सीखने, करने तथा बनने के लिए प्रेरित करता है।

अधिक जानने, करने तथा होने के क्रम में हमें अधिकता को प्राप्त करना चाहिए। अधिकता की प्राप्ति के लिए हमें अधिक सक्रिय रूप से सीखना होगा तथा सीखने के लिए वस्तुओं का व्यावहारिक अध्ययन जरूरी होता है। अगर आप धनी नहीं हुए तो अधिकता को प्राप्त करना न केवल कठिन होगा बल्कि असंभव भी होगा।

इंसान की लंबी और ऐश्वर्यपूर्ण जीवन जीने की क्षमता प्राप्त करने की इच्छा के पीछे अपार संपत्ति की मानवीय इच्छा छिपी है। अप्रकट संभावना की प्रदर्शन रूपी अभिव्यक्ति ही कामना का लक्ष्य है तथा इसे स्पष्ट रूप से व्यक्त करना ही शक्ति की खोज है। इसलिए यह स्पष्ट रूप से कहा जा सकता है कि धन बहुत जरूरी है चाहे आप इसकी प्राप्ति जीवन में पूर्णता प्रदर्शन के लिए प्राप्त करें।

मूल तत्त्व भी इसका विरोधी नहीं है। लम्बा जीवन जीने की हमारी कामना इसका प्रत्यक्ष प्रमाण है। निर्माण के लिए कामना एक अनिवार्य तत्त्व है। मूल तत्त्व आपके माध्यम से विस्तार चाहता है, अत: इसके लिए आवश्यक सभी पदार्थों को आपकी सेवा में उपलब्ध कराना उसी का कार्य है।

ईश्वर भी यही चाहता है कि आप धनी बनें और वह आपके माध्यम से अपना सर्वश्रेष्ठ प्रदर्शित करना चाहता है। आपमें जीते हुए अनंत संभावनाओं तथा जीवन की पूर्णता को वह सिद्ध करना चाहता है। इस महान कार्य में आप भी ईश्वर का सहयोग कर सकते हैं। परंतु इसके लिए सर्वप्रथम आपको अपनी योग्यता को साबित करना होगा।

यह जगत-यह पृथ्वी की भी इच्छा है कि आप जीवन में वह सब कुछ पाएं जो आप पाना चाहते हैं, वह आपकी योजनाओं का पोषक और हितैषी है। सबसे पहले इसे स्वीकार करें कि कुदरती तौर पर सभी कुछ आप ही का है।

लेकिन आपका उद्देश्य सभी का सुख होना चाहिए, न कि स्वार्थ से प्रेरित। यह भी याद रखें कि तुच्छ भोग विकास करना मात्र मानव जीवन का उद्देश्य नहीं है। बल्कि महत्त्वपूर्ण और विशेष कार्यों का उचित संपादन करना आपका उद्देश्य है। कुछ लोग मानसिक, आध्यात्मिक स्तर पर संतुलन साधने में कामयाब होते हैं और जीवन बिताते हैं। जीवन का यही तरीका सही है। प्राकृतिक तौर पर हम सब लोग इस कला में निष्णात हैं।

ग़रीबी और अपमान में जीना पशु के समान जीने की तरह है।

भौतिक-सुविधाएं की जरूरत हर मनुष्य को है। इसकी जरूरत को नकारा नहीं जा सकता है। केवल मानसिक सुख, दिखावा, प्रसिद्धि या ज्ञान प्राप्ति के लिए धनी होने

का रास्ता अपनाना पूरी तरह गलत है। यह माना कि भौतिक सुख-सुविधाएं जुटाना और इनकी प्राप्ति जीवन का एक हिस्सा है लेकिन जो इंसान सिर्फ इनके लिए जीता है, वह कभी भी खुशी हासिल नहीं कर सकता। न ही वह सुखी रह सकता है।

इसी तरह दूसरों की खुशी के लिए जीना, किसी दूसरे के सुख के लिए खुद को मिटा देना अथवा समर्पण की भावना से अत्याधिक आनंदित होना भी उचित नहीं है क्योंकि ऐसा करने से हमें मानसिक सुख की प्राप्ति होती है और आत्मिक सुख की हानि।

कुछ लोग ऐसे होते हैं, जिन्हें घूमना फिरना, बाहर खाना, जानकारी हासिल करना, सलाह देना और सच्चाई को खोजने में दूसरे लोगों की मदद करना भाता है।

यह अच्छी तरह जान लें कि अत्याधिक स्वार्थ और समर्पण दोनों सफलता के मार्ग में अवरोध खड़े करती हैं। त्याग के रास्ते पर चलते हुए आप ईश्वर को याद रखें या फिर ईश्वर आपका बलिदान चाहते हैं, इस तरह की बैसिर पैर की बातों पर ध्यान न दें न ही भरोसा करें। याद रखें ईश्वर आपसे आपका सर्वश्रेष्ठ प्रदर्शन चाहते हैं और इसके माध्यम से ही आप लोगों के विकास में सहभागी बन सकते हैं। प्रदर्शन की चरमसीमा के प्रमाण के लिए सबसे पहले आपको अपने आप को अमीर बनाना होगा।

अगर आप इस तरह कार्य करेंगे तो मूल तत्व पूरी तरह आपके साथ होगा, क्योंकि उसकी रचना ही जीवन विस्तार का उद्देश्य है। विस्तार के लिए आपमें और अन्य सभी में मूल तत्व समान रूप से सक्रिय एवं विद्यमान है।

बुद्धिमान तत्त्व हमारे द्वारा वांछित वस्तुओं का नव निर्माण करेगा न कि किसी और के हिस्से की चीजों को हमारे लिए उपलब्ध कराएगा। इसके लिए पूर्व निर्मित वस्तुओं की प्राप्ति के प्रयास हेतु प्रतिस्पर्द्धा को छोड़कर हमें अपना ध्यान नव निर्माण की ओर लगाना होगा।

छीना-झपटी, ईर्ष्या अथवा प्रतिस्पर्द्धा से दूर रहें।

अत्याधिक मोल-भाव अथवा बहस न करें।

निजी स्वार्थ के लिए किसी को धोखा न दें।

योग्यता से कम मूल्य में न तो किसी के लिए काम करें न ही किसी से काम लें।

किसी अन्य की सम्पत्ति को ललचाई नजरों से न देखें।

जहां तक संभव हो लाचार प्रवृत्ति से दूर रहें।

हम सब में समान क्षमताएं हैं, कोई अलग नहीं है । ईश्वर ने किसी व्यक्ति विशेष को अधिक क्षमता नहीं दी है ।

आपको जीवन में निर्माण करने वाला बनने वाला चाहिए प्रतियोगी नहीं । इससे आप वह सब प्राप्त करने में सक्षम होंगे जो आपके सपने हैं और तो और आपसे जुड़े अन्य लोग भी रिवार्ड पाने के हकदार होंगे ।

मैं ऐसे भी लोगों को जानता हूँ जिन्होंने ऊपर उल्लेखित सिद्धांतों की विपरीत दिशा में कार्य करके विशाल संपत्ति अर्जित की है । संसार में इस प्रकार की असाधारण क्षमता वाले बहुत ही कम लोग हुए हैं जिन्होंने अपने विशेष उद्देश्यों तथा गतिविधियों के चलते औद्योगिक क्रांति के माध्यम से जनसाधारण के विकास में बहुमूल्य योगदान दिया है । रॉकफिलर, कार्नेगी तथा मॉर्गन जैसी असाधारण प्रतिभाओं ने उत्पादन क्षेत्र को संगठित एवं व्यवस्थित कर मानव जाति को विशेष विस्तार प्रदान किया है । परिवर्तन को जन्म देने वाले इन विशेष लोगों को समाज ने न तो अच्छी नजरों से कभी देखा है और न ही देखेगा, क्योंकि परिवर्तन कष्टदायी होता है । परंतु आगे आने वाला समय वितरण व्यवस्था का होगा, जिसमें संगठित होकर कार्य करके निर्माण क्षेत्र से कहीं अधिक पैसा बनाया जा सकता है ।

अगर आपके साधन और साध्य पवित्र हों तो इससे बनाया गया पैसा संतोष और स्थायित्व की प्रवृति से मुक्त होता है । दूसरे शब्दों में कहा जाए तो हो सकता है वर्तमान आज आपकी मुट्ठी में हो, परंतु भविष्य निश्चित तौर पर किसी और का होगा ।

ईर्ष्या को त्यागने से ही आप स्थाई और अभूतपूर्व सफलता पा सकते हैं । प्रकृति का भंडार असीमित है । किसी को अधिक अधिक अमीर बनते हुए परेशान न हों । अगर आप ऐसा नहीं करेंगे तो ईर्ष्या से पैदा होने वाले निगेटिव विचार आपकी विचार शक्ति और रचनात्मक शक्ति को दीमक की तरह खाने लगेंगे ।

याद रखें असंख्य धन-दौलत के मूल्य का सोना अभी भी पृथ्वी के गर्भ में छिपा है तथा उसके भी समाप्त होने की दशा में आपकी सोच से कहीं अधिक मात्रा में यह बुद्धिमान तत्त्व द्वारा पुनः तैयार कर दिया जाएगा ।

आपको अमीर बनाने के लिए सभी शक्तियां तैयार हैं, लेकिन सवाल यह है कि आप इसके लिए तैयार हैं !

यह समझें कि परोक्ष प्रत्यक्ष से ज्यादा महत्त्वपूर्ण है, भले ही कोई आपके प्रत्यक्ष को कब्जा ले लेकिन आपके परोक्ष का कुछ नहीं बिगाड़ सकता । अनाकार तत्त्व में असीमित की खोज करने पर असीमित आपकी ओर विस्थापित होना आरंभ हो

जाता है। अतः आपको वह सभी कुछ पाने से कोई नहीं रोक सकता जो आप पाना चाहते हैं।

यह मत सोचें कि आपको जो मिलने वाला है, उस पर कोई और अपन दावा जता देगा, ऐसा विचार मन में लाकर फालतु चिंतित न हों। ईर्ष्या, चिंता, अविश्वास अथवा आपकी जरा सी असावधानी आपके धनी होने के रास्ते में अवरोध पैदा कर देंगे।

इस सृष्टि में कोई भी दो चीजें पूर्ण रूप से समान नहीं हैं।

—इमर्सन

आप किसी दूसरे व्यक्ति के सोचने के तरीके अनुरूप परिणाम की उम्मीद नहीं कर सकते। असीमित आपूर्ति से युक्त अनाकार तत्त्व की सहायता से आप अपनी सोच के अनुसार ही मनचाहे निर्माण को साकार रूप प्रदान करते हैं।

याद रखें

विचार तत्व वह मूल पदार्थ है जिससे न केवल सभी चीजों का निर्माण हुआ बल्कि वह दृश्य-अदृश भिन्न-भिन्न आकार और प्रकार में चारों ओर व्याप्त है। सभी वस्तुओं का निर्माण इसी तत्व के अंदर जन्में विचारों के तहत ही किया जाता है।

मानव मस्तिष्क बहुत शक्तिशाली है और यह मन के मुताबिक विचारों को जन्म देकर बिना आकार तत्व की सहायता से उसे साकार रूप प्रदान करने की अकल्पनीय क्षमता रखता है।

6

लक्ष्मी आपके द्वार

जब भी मैं आपको कुटिल सौदों से बचने की सलाह देता हूँ तो मेरा मतलब यह नहीं है कि आप बिलकुल भी सौदे नहीं करें या आपको दूसरों के साथ काम करने की आवश्यकता नहीं। मेरे कहने का सिर्फ इतना तात्पर्य है कि आपको किसी के साथ अनुचित सौदे करने की जरूरत नहीं है। आपको कुछ दिए बिना कुछ पाने की आवश्यकता नहीं है। इसके बजाय आप जितना भी लें, हर व्यक्ति को उससे अधिक दें।

ग्राहक को आप उसके द्वारा दिए गए मूल्य से अधिक मूल्य की वस्तु नहीं दे सकते लेकिन उसे ऐसी वस्तु दी जा सकती है, जो उसके लिए अधिक उपयोगी साबित हो। जो पुस्तक आप अभी पढ़ रहे हैं, इसके प्रकाशित होने में लगे कागज, स्याही और प्रयुक्त अन्य सामग्री का मूल्य आपके द्वारा इसके लिए चुकाए गए मूल्य से कम हो सकता है, लेकिन इसमें दी गई जानकारी, विचारों का मूल्य तो लाखों डॉलर के बराबर होगा। इस तरह आप जो रकम चुकाएंगे, उसके मुकाबले आपको जो मिलेगा, वह कतई महंगा नहीं कहा जा सकता।

उदाहरण के लिए मेरे पास एक सुप्रसिद्ध चित्रकार द्वारा तैयार की गई महंगी पेंटिंग है, जिसे मैं किसी शिकारी को 500 डॉलर में बेचने का प्रयास करता हूँ तो यह ईमानदारी का सौदा नहीं कहा जाएगा, क्योंकि वह कीमती पेंटिंग शिकारी के लिए अधिक उपयोगी साबित नहीं होगी।

परंतु अगर मैं उसे 50 डॉलर की बंदूक बेचने का प्रयास करता हूँ तो शिकारी के लिए यह एक अच्छा सौदा साबित होगा, क्योंकि बंदूक की मदद से अधिक पैसा बनाकर शिकारी अपने जीवन में भारी बदलाव ला सकता है।

अगर आप कम्पटीशन को छोड़कर निर्माण पर फोकस करते हैं तो आप ज्यादा लोगों की मदद भी कर पाएंगे। तब आप खुद से मुकाबला करने लगते हैं बनस्पित किसी अन्य से। आजमा कर देखें यह तरीका बिलकुल अलग है और सबसे अधिक सुरक्षित, सरल और चुनौतीपूर्ण भी है।

परन्तु अगर आप किसी ऐसे व्यवसाय में हैं जिसमें लोगों की पराजय को ही आपकी जीत माना जाता हो तो आपको मेरी सलाह है कि आप तुरंत इससे बाहर निकलने का प्रयास करें।

प्रत्येक ग्राहक को उसके द्वारा अदा किए जा रहे मूल्य से अधिक कीमती सेवा प्रदान करें, कुछ समय बाद अपने व्यापार में दिनदूनी रात चौगुनी तरक्की होते हुए आप स्वयं देखेंगे।

आपके द्वारा नौकरी पाए लोगों से आपकी प्राथमिकता होगी कि वे ज्यादा से ज्यादा कमा कर आपको दें। ऐसी दशा में आप यह करेंगे कि आप अपने बिजनेस मॉडल को इस तरह विकसित करें कि आपके कर्मचारी ज्यादा से ज्यादा सफलता प्राप्त करें और आपके विकास में सहभागी बनें। आपका व्यापार उन्नति करने में लोगों की कुछ इस प्रकार मदद कर पाए जैसे कि यह पुस्तक आपकी मदद करने सक्षम है। उनके लिए वह उन्नति का माध्यम बन सके न कि अवनति का। आपके साथ काम करके भी कुछ लोग ऐसा नहीं कर पा रहे हैं तो आप कसूरवार नहीं है बल्कि इसके लिए वे खुद दोषी हैं।

ऐसे कदमों से आप अपनी सफलता की राह निर्मित कर लेते हैं। अनाकार तत्त्व इसमें प्रवेश करके लक्ष्य प्राप्ति में आपकी मदद करता है।

उदाहरण के तौर पर यदि आपको एक महंगी कार चाहिए तो इसके लिए अपना काम धाम छोड़कर आपको एक बंद कमरे में बैठकर ध्यान लगाने (अपनी सोच के द्वारा विचार तत्त्व को आकर्षित करने) की जगह कार को पाने का दृढ़ विश्वास अपने मन में जगाना होगा ताकि कार को पाने का विचार आपके मन में घर कर जाए। आपका यह विचार किसी भी प्रकार की शंका से मुक्त होना चाहिए। भूलकर भी इस विषय पर नकारात्मक बातें न सोचें। आपका नजरिया पूरी तरह सकारात्मक होना चाहिए। कभी भी इस तरह न सोचें या बोलें, जैसे आपको इसके आने का भरोसा नहीं है। बल्कि इस तरह दावा करें, जैसे यह पहले से ही आपकी हो चुकी है।

तब परम तत्त्व माध्यमों (अन्य मानव मस्तिष्क) के द्वारा आपके विचार यानि कार लेना, को साकार करने के लिए सक्रिय हो उठता है। आपकी धारणा से मेल खाती

कार उन लोगों को माध्यम बनाकर आप तक पहुंचाई जाएगी, जो लोग उस कार के निर्माण तथा वितरण व्यवसाय में पहले ही से शामिल हैं।

यह न भूलें कि विचार तत्व सभी में काम कर रहा है और हम लोग उसके संपर्क में हैं और प्रभावित भी हैं। जीवन को बेहतर और संपूर्ण बनाने की उसकी इच्छा के कारण हमें हमारी जरूरत की सभी चीजें मिल रही हैं और आगे भी अबाध रूप से मिलती रहेंगी। इसके लिए बस जरूरत है कामना और विश्वास के साथ अपनी इच्छा शक्ति को जागृत करने की।

अगर हम अपनी इच्छा शक्ति मजबूत रखें तो हर वो चीज पा सकते हैं जिसकी हमने कामना की हो। लेकिन आपकी कामना के पीछे अन्य व्यक्तियों का लाभ भी छिपा होना चाहिए। अगर आप ज्यादा की कामना करते हैं तो इसमें न तो घबराने, न ही शर्म करने और न ही संकोच करने की जरूरत है।

भगवान की भी यही चाहते हैं, इसलिए कीमती, बड़ी चीज मांगने से कभी संकोच न करें। आपके लिए वह जो भी संभव है, मूल तत्व वह सब की ख्वाईश करता है। उसकी इच्छा है कि आपको अपना जीवन जीने के लिए जो भी आवश्यक है, वह सब आसानी से प्राप्त हो।

जब आपको पूरी तरह से इस तथ्य का अहसास हो जाता है कि दौलत पाने की आपकी इच्छा अधिक पूर्ण अभिव्यक्ति की सर्वोच्च शक्ति की इच्छा के सामंजस्य में है तो आपकी आस्था अजेय बन जाती है।

एक बार एक छोटा बालक पियानो बजाने का प्रयास कर रहा था। वह दु:खी था, क्योंकि वह पियानो बजाना नहीं जानता था। परंतु फिर भी वह प्रयास कर रहा था। वह उदास था। मैंने उससे उसकी उदासी का कारण पूछा तो वह बोला, "संगीत तो मैं अपने अंदर महसूस कर रहा हूँ, परंतु मैं उसे ठीक ढंग से अभिव्यक्त नहीं कर पा रहा हूँ।" उसका जवाब बिल्कुल सही था। उसके द्वारा मन में महसूस किया जा रहा संगीत मूल तत्त्व की प्रतिध्वनि था, जो उस बालक के माध्यम से अपनी पूर्ण अभिव्यक्ति का मार्ग खोज रहा था।

इसी तरह परमपिता परमेश्वर भी हमारे माध्यम से अपनी खुद की अभिव्यक्ति का रास्ता खोजता है। हमारे माध्यम से ही वह सांस लेता है और हमसे ही जरूरी कार्य करवाता है, इससे ही वह खुश होता है।

स्वयं परमात्मा के अनुसार, "भव्यतम् महलों के निर्माण, मधुर संगीत बजाने तथा सुंदर चित्रकारी करने के लिए मुझे तुम्हारे हाथ चाहिए. मेरे पदचिह्नों पर चलने के लिए

मुझे तुम्हारे कदम चाहिए, मेरे द्वारा निर्मित सौंदर्य को निहारने के लिए मुझे तुम्हारी आँखें चाहिए, सच्चाई का बयान करने एवं कर्णप्रिय गीत गुनगुनाने के लिए मुझे तुम्हारी जुबान चाहिए। ऐ मेरो सर्वश्रेष्ठ रचना, मुझे तुम्हारी जरूरत है, क्योंकि एक तुम ही हो जिसके माध्यम से मैं स्वयं को पूर्ण रूप से अभिव्यक्त करने की क्षमता रखता हूँ।''

आप अपने को व्यक्त करने का साधन मात्र हैं, संगीत के निर्माण के लिए ईश्वर आपको माध्यम बनाता है, तथा आप वाद्य यंत्रों एवं अपनी प्रतिभा को।

अतः ईश्वर उनसे प्यार करता है जिनमें अपार प्रतिभा होती है, उन्हें सौंदर्य से प्यार है इसीलिए वे सौंदर्य प्रेमियों को पसंद करते हैं।

ईश्वर को सच पसंद है, वे इसका प्रचार-प्रसार करने वाले को पसंद करते हैं। ईश्वर स्वच्छता, स्वादिष्ट भोजन, सफलता, उन्नति, उपलब्धि, विलासिता, सुगंध, सहयोग, अच्छाई, ईमानदारी, प्रशंसा, धन-दौलत, वैभव आदि सभी कुछ पसंद करते हैं। वे अपनी खुशी आपके माध्यम से ही प्राप्त करते हैं। इसलिए वे इन्हें पसंद करने वालों से भी प्यार करते हैं।

पैगम्बर पॉल के अनुसार, "वह ईश्वर ही है जो आपके माध्यम से सपना देखता है, तथा उसे साकार भी करता है।"

आशाएं, आकांक्षाएं तथा अपेक्षाएं ईश्वर के वरदान हैं। ये ईश्वर के समान अनंत (अंतहीन) हैं, अतः इनकी पूर्ति ईश्वर ही कर सकते हैं, फिर अधिक की अपेक्षा करने में कैसा संकोच।

इसके बाद भी ज्यादातर लोग फालतू की धारणाओं से अपनी ऊर्जा प्राप्त करते हैं। वे मानते हैं कि ग़रीबी, बलिदान और समझौते से जीने से ईश्वर खुश हो सकते हैं। वे ग़रीबी को को अपना भाग्य मानते हैं जो ईश्वर ने उन्हें प्रदान किया है। यानि शाप दिया है या फिर वे यह मानते हैं कि यह पृथ्वी पर संतुलन स्थापित करने का माध्यम है।

ज्यादा पाने की इच्छा को वे लालच की संज्ञा देकर वे इससे दूर रहते हैं और संतोष को ही अपना जीवन मान लेते हैं, इसी तरह वे अपना जीवन जीते हैं।

मैं आपको एक स्टूडेंट के बारे में बताता हूँ, जिसे मैंने अमीरी का रहस्य समझाया था। वह किराए के एक छोटे से मकान में रहता था, तथा अपनी छोटी सी आमदनी में मुश्किल से ही गुजारा चला पाता था। उसे विश्वास नहीं था कि वह कभी अमीर भी बन पाएगा। वह इस सच्चाई को स्वीकार नहीं कर पाया कि सारी दौलत उसकी है।

रहस्य को जानने के पश्चात् उसने अपने लिए जमीन पर बिछाकर सोने के लिए एक गर्म कम्बल तथा जाड़े में कमरे को गर्म रखने के लिए कोयले की अंगीठी को पाने

का फैसला किया, और पुस्तक में दिए गए निर्देशों का सौ प्रतिशत पालन करना आरंभ कर दिया।

कुछ ही महीनों में वह अपनी आमदनी बढ़ाकर कम्बल और अंगीठी खरीदने में कामयाब हो गया। वह अमीरी के रहस्य का चमत्कार जान चुका था।

"विफलता आवश्यकता की और आवश्यकता आविष्कार की जननी है।"

—बॉब जिन (रैट रेस के लेखक)

बाद में उसने अपने अवचेतन को स्वयं का मकान खरीदने के लिए प्रेरित करना शुरू कर दिया। इस बारे में वह निश्चिंत था कि वह अपना मकान खरीद लेगा और उसे इस बारे में कोई शंका नहीं था। उसके दिमाग में अपने घर की तस्वीर साफ थी और वह इसे लेकर दृढ़ प्रतिज्ञ था।

बाद में चमत्कार हुआ। कुछ साल में ही वह अपने घर का मालिक बन चुका था और वह अपने दिमाग में छपी तस्वीर के जैसा उसका नवीनीकरण करा रहा है। ज्यादा और अपनी वृहद आस्था के कारण ही वह वह सब कुछ प्राप्त कर रहा था, जो उसने सोचा था। यह सब खुद में विश्वास के कारण हो रहा था। यह कहानी हम सब पर लागू होती है और सबके साथ ऐसा ही होता है।

7

कृतज्ञता

पि छले अध्याय में आपने जाना कि अमीर बनने की दिशा में पहला कदम यह है कि हम निराकार तत्व पर अपनी इच्छा की छाप न छोड़ें।

सफलता के मार्ग पर आपका यह पहला कदम कहा जा सकता है। आप मानें या न मानें ऐसा करने के लिए निराकार प्रज्ञा के सामंजस्य में आना आवश्यक है। इस सामंजस्य को प्राप्त करना अनिवार्य है।

अमीर बनने के तरीके बताने वाले इस अध्याय में हम इसी विषय पर विस्तार से जानकारी देंगे। यदि आप मेरे दिखाए रास्ते पर चलेंगे तो अपने मस्तिष्क को सुप्रीम पावर यानि परमेश्वर से जोड़ने में आप अतिशीघ्र सफल होंगे। मस्तिष्क को एक निर्धारित लक्ष्य के लिए नियंत्रित एवं संतुलित करने की प्रक्रिया को आपके कृतज्ञतापूर्ण दृष्टिकोण के माध्यम से सरल तथा संभव बनाया जा सकता है।

सबसे पहले आपको विश्वास होना चाहिए कि बुद्धिमान तत्व से ही सभी प्रकार की क्रियाएं व गतिविधियां शुरू होती है।

दूसरा आपकी जितनी भी इच्छाएं हैं, वह सब इसी मूल तत्व के माध्यम से पूरी होंगी।

सर्वप्रथम आपको यह विश्वास करना होगा कि सभी प्रकार की गतिविधियों का शुभारंभ बुद्धिमान तत्व से ही होता है।

तीसर कृतज्ञता ही इससे तालमेल बिठाने का एकमात्र तरीका है।

यह स्पष्ट है कि जो लोग हवा के विपरीत चलेंगे या फिर इसके विरोधी दिशा में चलेंगे तो वे निश्चित तौर पर ग़रीब रहेंगे। या यह भी कह सकते हैं कि ग़रीब लोगों के पास कृतज्ञता का पूर्णरूपेण अभाव होता है। वे अक्सर कहते पाए जाएंगे कि भगवान

ने उन्हें ग़रीब रखकर बड़ा अन्याय किया है। उनके भाग्य में तो हमेशा ग़रीबी लिखी है। ऐसा कहकर वे परमपिता द्वारा तय किए गए कार्यक्रम में लगातार रूकावट उत्पन्न करते रहते हैं।

जिस प्रकार किसी धनी व्यक्ति की संगत में रहते हुए अपने लिए यह मान लेना कि मैं भी धनी बन सकता हूँ, बहुत ही आसान होता है, इसी प्रकार परमेश्वर की संगत में रहते हुए उसकी कृपा को महसूस करना एवं उसके उपहारों को पाना अत्यंत सरल तथा सुगम हो जाता है। ऐसा करने में आपका कृतज्ञतापूर्ण नजरिया आपकी बहुत मदद कर सकता है। इसकी सहायता से आप ईश्वर के और अधिक निकट हो जाते हैं। फिर आप ईश्वर के उपहार और अधिक मात्रा में पाने की योग्यता को प्राप्त कर जाते हैं।

हो सकता है आपके लिए यह एक नया फार्मूला हो परंतु यह कार्य करता है।

यह समझना सरल है कि हम धन के स्रोत के जितने पास रहेंगे, हमें उतनी अधिक सम्पत्ति मिलेगी, यह समझना भी सरल है कि जो हमेशा कृतज्ञ रहता है, वह सभी धन्यवाद या कृतज्ञता व्यक्त न करने की तुलना में स्रोत के निकटतम संपर्क में रहेगा।

कृतज्ञता आपके मस्तिष्क को कई घातक विचारों से भी बचाती है मसलन मैं कुछ नहीं कर पाऊंगा, मेरी तो किस्मत ही खराब है, इस धरती पर रहने वाला हर आदमी सफल नहीं हो सकता, वह मुझसे अधिक सफल क्यों है, मैं उससे अधिक पैसा बनाकर दिखाऊंगा आदि।

कृतज्ञता न्यूटन के जगत प्रसिद्ध क्रिया-प्रतिक्रिया नियम की भांति व्यवहार करती है। अगर आप मन के मुताबिक परिणाम चाहते हैं और इसी दिशा में पूरी शिद्दत से लगे हुए हैं तो आपके लिए इसे जानना और समझना और ज्यादा जरूरी हो जाता है। इसके मुताबिक किए गए कार्य की प्रतिक्रिया (परिणाम) ठीक उसके बराबर परंतु विपरीत दिशा में होती है। ठीक इसी प्रकार कृतज्ञ मानसिकता से की जाने वाली प्रार्थनाएं उस शक्ति के समान हैं जो परमेश्वर (Supreme Power) की ओर से परावर्तित होकर उल्टा हमें ही लाभ पहुंचाती है।

यह सर्वविदित है कि परमपिता परमेश्वर उसी के समीप रहते हैं तो उनके समीप रहते हैं। यदि माना जाए कि आपकी कृतज्ञता एक जगह टिकने वाली और प्रबल है तो अनाकार तत्व जो प्रतिक्रिया करेगा, वह भी उतनी ही प्रबल होगी। ऐसे में ईश्वर की ओर से दिए गए आशीर्वाद और उपहार के हकदार आप ही होंगे। अगर आप ईसा मसीह के व्यवहार पर नजर डालें तो आप वहाँ असीमित 'कृतज्ञता' ही पाएंगे। बिना कृतज्ञता के प्रार्थना करना तथा बिना प्रार्थना के शक्ति के परम स्रोत (परमेश्वर) से जुड़ा रहना असंभव है।

आपमें असंतोष या अविश्वास की भावना भी पैदा हो सकती है अगर आपमें कृतज्ञता का अभाव है। ऐसी दशा में जब भी आपके मन में अविश्वास जन्म लेता है, तत्काल आपके पतन की उल्टी गिनती शुरू हो जाती है।

मस्तिष्क विचारों के अनुरूप भावनाएं तैयार करता है। उदाहरण के लिए अगर आपके मन में ग़रीबी, दरिद्रता, तुच्छता या लाचारी जैसे नाकारात्मक भाव पैदा होते हैं तो आपका दिमाग इससे संबंधित भावनाएं तैयार करना और इसका प्रसारण शुरू कर देता है। इसका परिणाम यह निकलता है कि आप उन लोगों को अपनी ओर आकर्षित करने लगते हैं जो आपकी भावना से मूल खाते हैं।

"पहले हम माहौल बनाते हैं फिर माहौल हमें बनाता है।"

– ब्रायन ट्रेसी

अगर आप अपने दिमाग को ऐसा प्रोग्राम करने की अनुमति देते हो जो ग़रीबी या दरिद्रता से संबंधित हों तो वे ऐसे विचारों या इससे जुड़े पदार्थों को अपनी ओर आकर्षित करना शुरू कर देते हैं। इससे उलट अमीरी पर भी यही नियम लागू होते हैं।

सकारात्मक सोच के द्वारा हमारी समस्त रचनात्मक शक्तियां जागृत हो उठती हैं। हमारा मस्तिष्क हमारी मानसिकता को विचार तत्त्व तक पहुंचाने का कार्य करता है तथा विचार तत्त्व संबंधित विचार केअनुरूप आकार ग्रहण कर लेता है।

जिसका भी मस्तिष्क कृतज्ञ होता है, वह सकारात्मक विचारों को जन्म देता है और यह फायदेमंद परिणामों के लिए प्रोग्राम कर दिया जाता है। जिस कारण इससे हमेशा लाभकारी परिणाम ही प्राप्त होते हैं।

विश्वास का जन्म भी कृतज्ञता से होता है। वही मस्तिष्क हमेशा सर्वश्रेष्ठ की कामना कर सकता है जो कि आभारी होता है। यही कामना आगे चलकर धीरे-धीरे विश्वास में बदल जाती है। कृतज्ञता इस विश्वास को बढ़ाने तथा बनाए रखने में सहायता करती है।

अगर किसी मस्तिष्क में कृतज्ञता का अभाव है तो वो लंबे समय तक विश्वास बनाए रखने में कामायाब नहीं हो सकता है। इस विश्वास के न होने से इस पुस्तक में बताए गए तरीकों का पालन करके कोई भी अमीर नहीं बन सकता।

अगर आप अपने लक्षित उद्देश्य को पूरा करना चाहते हो तो आपका हर चीज के लिए आभार जताना होगा, फिर चाहे वह चीज अच्छी हो या बुरी। इसका सीधा ताल्लुक आपके विकास से है। इसलिए इसका प्राथमिकता से पालन अनिवार्य है।

एक बात और ध्यान दें कि अनावश्यक या नकारात्मक विषय अपने दिमाग से बाहर कर दें यानि इस पर फालतु की बहस कर अपना कीमती वक्त बरबाद न करें। पहले से तैयार एक रास्ते से होकर आपके पस अवसर, परिस्थितियां या चीजें पहुंचती हैं। कई लोग ऐसे भी होते हैं जो इसमें खोट निकालने का काम बड़ी शिद्दत के साथ करते हैं।

"निकालने वाले तो स्वर्ग में भी कमी ढूंढ निकालेंगे।"

आज जिस भी दशा में हम लोग रह रहे हैं, वहां तक पहुंचाने के लिए ईश्वर की एक विशेष मार्ग या योजना है। जो लंबे समय से काम कर रही है। इस योजना का अतार्किक विरोध करने की जगह हमें इसे स्वीकार करना चाहिए और यह विचार मानना चाहिए कि परमपिता सही हैं और वह जो कुछ भी कर रहे हैं वह हमारे भले के लिए कर रहे हैं। ईश्वर सर्वश्रेष्ठ को आप तक पहुंचाने के लिए बाधाएं, विफलताएं और हार जैसे उपाय भी आपके रास्ते में खड़ा करता है। आपकी सफलता में अनेक लोग माध्यम का किरदार निभाते हैं। बस आपको हर अच्छे-बुरे के लिए कृतज्ञ रहना होगा। इसका परिणाम यह निकलेगा कि हर चीज में मौजूद अच्छाई आपकी ओर वैसे ही मंडराने लगेगी जैसे मधुमख्खी फूल पर मंडराती है।

8

सोच निर्धारित दिशा में

अध्याय छह पर दोबारा वापस लौटकर उस नवयुवक की कहानी दोहराएं, जिसने अपनी सोच को बदलकर स्वयं के घर की मानसिक तस्वीर बनाकर उसे खरीदने में कामयाबी हासिल की। इससे आपको अमीर बनने के पहले पायदान का ज्ञान मिलेगा। आपको मनचाहे को प्राप्त करने के लिए पहले अपने मस्तिष्क को प्रोग्राम करना होता है, तभी आपका मस्तिष्क इससे संबंधित तरंगों का प्रेषण (Transmission) करने में सफल हो पाता है।

कई लोग जो पहले से ही परिणाम की अपेक्षा करते हैं, वे लोग ऐसा नहीं कर पाते। वे अपनी कामनाओं को लेकर संशय की स्थिति से दो-चार होते रहते हैं। वे यह भी नहीं समझ पाते कि आखिर उन्हें चाहिए क्या। ऐसी स्थिति में वे विचार तत्व तक अपनी बात संप्रेषित नहीं कर पाते और अनजाने में ही अपने सपनों का कत्ल कर बैठते हैं।

जैसा हर कोई करता है, सोचता है, वैसा करना काफी नहीं। ज्यादातर लोग काफी पैसा कमाने, घूमने फिरने या फिर अमीर बनना चाहते हैं। यदि आपके सपने आम सपनों से अलग हैं और वो सब आप अपने पास देखना चाहते जो लोगों के पास नहीं है तो आपको लोगों से अलग करना होगा। अपने सपने पूरे करने के लिए आपको अधिक करने की जरूरत है, जिसके बारे में आपको अध्याय आगे पढ़ना पड़ेगा।

उदाहरण के लिए यदि आप अपने किसी मित्र को ई-मेल भेजना चाहते हैं तो आप यह उम्मीद नहीं करते कि इससे वह अपने आप संदेश समझ जाएगा। इसके लिए सर्वप्रथम आपको शब्दों की रचना करनी होती है जिन्हें आप अपनी भावनाओं के अभिव्यक्ति के लिए अक्षरों के माध्यम से तैयार करते हैं।

दूसरे शब्दों में कहा जाए तो आपके द्वारा तैयार किया गया संदेश, मात्र कुछ अक्षरों अथवा शब्दों की जोड़-तोड़ न होकर आपके विचारों की पूर्ण अभिव्यक्ति होता है जिसमें कुछ अक्षर मिलकर आपके विचारों का प्रतिनिधित्व करते हैं।

ठीक इसी प्रकार अपने सपने को बुनें ताकि इसे विचार तत्व की ओर से आसानी से संप्रेषित किया जा सके। यह तभी संभव है जब आपको स्पष्ट तौर पर पता हो कि सही मायने में आपको क्या चाहिए और क्या नहीं।

आप अपनी असफलता तभी सुनिश्चित कर चुके होते हैं जब आपके मन में अपने विचारों के प्रति शंका और अविश्वास गहरा जाता है।

हमेशा बड़ा सोचें। अपने दिमाग को अपने सपने का चित्र तैयार करने का आदेश दें और ऐसा सोचें कि आप तो इसे पहले ही प्राप्त कर चुके हैं। संक्षेप में कहा जाए तो आप अपने भविष्य को वर्तमान की भांति अनुभव करना आरंभ कर दें।

लक्ष्य की ओर से नजरें कभी न हटाएं, क्योंकि यही वह समय होता है जब आपका सपना एक नाविक की भांति काम करने लगता है जो नाव में लगे कुतुबनुमा की मदद से निरंतर मंजिल की ओर सफर करता है।

आपको बस अपनी इच्छा को संकल्प में बदलने का प्रयास करना है। इसके लिए जरूरी नहीं कि आप किसी विशेष रंग अथवा प्रकार के कपड़े पहनना आरंभ कर दें, एकांत में बैठकर ध्यान लगाने का प्रयास करें अथवा कोई विशेष मंत्रोच्चारण करें।

अपने मन की तस्वीर के मनन में फुरसत का अधिक से अधिक समय बिताएं। अर्जुन के निशाने की भांति लक्ष्य पर निगाहें जमाए रहें। आपका रोम-रोम लक्ष्य प्राप्ति के लिए उत्साहित एवं आनंदित रहना चाहिए। ऐसे में आपका मस्तिष्क कम्पन्न करना आरंभ कर देता है। इसमें से विशेष प्रकार की तरंगें उत्सर्जित होनी शुरु हो जाती हैं।

आप कंपास की ऐसी सुई बन जाते हैं जो सदैव लक्ष्य की ओर अपना मुंह किए रहता है। अमीर बनने के लिए यह किताब उन्हीं लोगों की मदद करेगी जो अपने मन मस्तिष्क को दृढ़ निश्चित करते हुए आलस्य और नींद त्याग कर कमर कस लेंगे।

अल्लाहद्दीन की तरह सभी कुछ आपके हाथ में है। बस आपको स्वयं को शेखचिल्ली बनने से बचाना होगा। आपके मस्तिष्क में आपके इरादों की तस्वीर जितनी अधिक स्पष्ट होगी, आपकी कामयाबी भी उतनी ही अधिक सुनिश्चित होती जाएगी। शर्त बस यह है कि आपको लगे रहना है। आपका पहला उद्देश्य अपना सपना पूरा करना होना चाहिए और आप उसे पूरा कर सकते हैं, ऐसा मन में विश्वास भी होना चाहिए।

अपने सपने को मन की आंखों से पूरा होते देखना शुरू कर दें, इसे अपनी शिराओं में बहने दें और सांसों के साथ अपने रोम-रोम में बस जाने दें।

जीसस के अनुसार- परमपिता से ऐसे मांगों जैसे तुम्हें यह पहले ही दिया जा चुका हो।

आप असाधारण तभी बन पाते हैं जब आप अपने सपने को दूरदृष्टि और विश्वास के पायदान पर टिकाने में सक्षम होते हैं। आप रोजमर्रा में सपने को जीना शुरू कर देते हैं। इसकी गहराई को महसूस करने लगते हैं ऐसा कर आप आनंदित होते है। किसी भी कीमत पर आप इससे समझौते के लिए तैयार नहीं होते हैं क्योंकि आपका मस्तिष्क जानता है कि आज नहीं तो कल यह जरूर होगा। ऐसी दशा में आप अपने सपने को अपनी गुलामी करते हुए भी पाएंगे।

पिछले अध्याय में हमने कृतज्ञता की बात की थी। कृतज्ञ रहें, जब आप इसकी कल्पना कर रहे हों, जब कृतज्ञ रहें। जब आप इसकी अपेक्षा कर रहे हों, तब कृतज्ञ रहें और जब यह साकार हो जाए तब कृतज्ञ रहें। उन लोगों में वास्तविक आस्था होती है जो ईश्वर को उन चीजों के लिए भी धन्यवाद ज्ञापित करते हैं तो अभी केवल कोरी कल्पना में है। ये तय है कि वे भविष्य में धनी होकर अपनी मनचाही चीज हासिल करेंगे।

एक ही सपने के लिए आपको बार-बार प्रार्थना करने की आवश्यकता नहीं है। आपको तो बस इसे अपने अवचेतन में तैयार करने तथा अनाकार तत्त्व तक पहुंचाने की आवश्यकता है।

इसके लिए आपको विशेष शब्दों अथवा अपने शब्दों में हेर-फेर करने की आवश्यकता भी नहीं है। आपको जरूरत है तो बस अपनी दूरदृष्टि को विश्वास तथा उद्देश्य के साथ पोषण देने की।

मत भूलें कि आपकी प्रार्थनाओं के परिणाम आपके द्वारा किए जा रहे कर्मों पर आधारित होंगे न कि उनके शब्दों पर। कुछ लोग विशेष रंग एवं प्रकार के कपड़े पहनकर, विशेष समय में अनोखी विधियों से भिन्न-भिन्न प्रकार की प्रार्थना करके, अलग-अलग तरह के त्यौहार मनाकर, एकांत में बैठकर, स्वयं को कष्ट देकर, नंगे पैर ऊंचे स्थानों पर अथवा जंगलों में जाकर अथवा सप्ताहांत में विशेष स्थानों पर एकत्रित होकर प्रार्थना करके परमात्मा को प्रसन्न करने का प्रयास करते हैं। यह सब वे सिर्फ अपनी खुशी के लिए करते हैं।

ऐसा करने से उनके विश्वास को पोषण प्राप्त होता है, लक्ष्य की प्राप्ति नहीं।

आप जो प्रार्थना कर रहे हैं उसका सीधा संबंध आपके मस्तिष्क से होना चाहिए न कि किसी स्थान या समय से। उस समय आप ऐसे भाव दर्शाएं जैसे ईश्वर ने वह चीजें आपको पहले ही प्रदत्त कर रखी हैं, जिसके लिए आप प्रार्थना कर रहे हों और यह निस्वार्थ और कृतज्ञता से परिपूर्ण होनी चाहिए।

योजना तैयार करने के बाद कमरपेटी बांध लें और ईश्वर को अपनी सकारात्मक सोच के लिए हमेशा धन्यवाद दें।

आप जो कुछ भी चाहते हों, उसके लिए पूर्ण अधिकार और विश्वास के साथ अपने फैसले पर कायम रहें फिर चाहे आप

नया घर चाहते हों, कीमती कपड़े, महंगी कार, दूर की यात्राएं या फिर ढेर सारी धन-दौलत। अपने सपने में खुद को देखें और उसे जीना शुरू करें। अपने चारों ओर ऐसा वातावरण तैयार कर लें जिससे लगे कि आपका सपना सच हो गया है। इसे पूरा करने में खुद को झोंक दें। कुछ ही समय बाद आप देखेंगे कि आपका सपना यथार्थ के धरातल पर अंगडाई ले रहा है।

अपना उद्देश्य और विश्वास पर कायम रहें नहीं तो आपकी स्थिति मृग मारीचिका में भटकते हिरण की भांति हो जाएगी और लोग आपकी हंसी उड़ाने में कोई कोर कसर नहीं छोड़ेंगे।

यह न भूलें कि यथार्थ और कोरे सपने में जमीन आसमान का अंतर होता है। इच्छाशक्ति के सही इस्तेमाल से आप यह अंतर पाट सकते हो।

समस्त शक्तियां हमारी सफलता में सहयोग

देने को तैयार खड़ी हैं, एक हम ही हैं

जो अपनी आंखें मूंदकर बैठे हैं तथा अंधेरा है

अंधेरा है का शोर मचा रहे हैं।

हम अपने विचारों का परिणाम हैं,

अतः सोच समझकर विचार करें।

शब्द विचारों का वाहन मात्र है, विचार लम्बी

यात्राएं करते हैं।

हम वही काटते हैं जो हम बोते हैं,

हम अपने भाग्य के निर्माता खुद हैं,

तुम्हारे अतिरिक्त कोई तुम्हारी मदद न करेगा।

रेशम के कीड़े की भांति तुमने स्वयं को

कोकून में बंद कर रखा है....

इससे बाहर निकलो, जिस प्रकार एक सुंदर तितली

कोकून को तोड़कर सदा के लिए स्वतंत्र हो जाती है,

तभी तुम सच्चाई को देख पाओगे।

तुम पावन हो, पवित्र हो ।

ईश्वर मंदिर रूपी मानव शरीर में वास करते हैं।

—स्वामी विवेकानंद (1863-1902)

9

इच्छा शक्ति का सदुपयोग

अमीर बनने का विज्ञान यह बिलकुल नहीं चाहता कि आप किसी दूसरे व्यक्ति पर शक्ति का प्रयोग करें। दरअसल अमीर बनने के लिए आपको किसी दूसरे व्यक्ति या वस्तु पर अपनी इच्छाशक्ति थोपने की न तो आवश्यकता है और न ही इसकी जरूरत।

किसी को भी मानसिक रूप से प्रताड़ित करना, उसके साथ शारीरिक रूप से जोर जबरदस्ती करने के समान है। यदि शारीरिक दबाव डालकर औरों से अपने लिए गुलामी कराना अपराध है तो किसी पर मानसिक रूप से दबाव डालकर ऐसा करवाना भी अपराध ही कहा जाएगा, इनमें अंतर है तो सिर्फ तरीके का। शारीरिक दबाव डालकर किसी से कुछ छीन लेना अगर कानूनन जुर्म है तो मानसिक दबाव डालकर ऐसा करना भी जुर्म ही होगा।

सामने वाले की भलाई के लिए अपनी इच्छाशक्ति को उस पर थोपने तक का आपको अधिकार नहीं है, क्योंकि उसका अच्छा बुरा स्वयं उससे अधिक उसके अतिरिक्त कोई और नहीं समझ सकता। यह पुस्तक भी आपको ऐसा करने की अनुमति नहीं देती। आपको ऐसा करने की अंश मात्र भी आवश्यकता नहीं है, और अगर फिर भी आप ऐसा करते हैं तो ऐसा करके आप अपनी विफलता को ही दावत दे रहे है।

अपने सपने को साकार करने के लिए आपको किसी पर अनावश्यक दबाव डालने की आवश्यकता नहीं है। ऐसा करना ईश्वर को बाध्य करने के समान है तथा आपका यह प्रयास असफल होना सुनिश्चित है।

मनवांछित फल पाने के लिए ईश्वर को विवश नहीं किया जा सकता, परंतु इच्छाशक्ति में वह ताकत छिपी है कि आप चाहें तो इसकी सहायता से सूर्योदय तक करा सकते हैं।

अपनी इच्छाशक्ति का उपयोग आप देवी-देवताओं को प्रसन्न करने या विद्रोही अथवा विनाशकारी ताकतों को वश में करने के लिए भूलकर भी न करें। याद रखें मूल तत्त्व सभी का मित्र है, वह सभी को वह सभी कुछ देना चाहता है जो हम पाना चाहते हैं।

अतः उचित यही होगा कि आप अपनी इच्छाशक्ति का उपयोग स्वयं के लिए ही करें।

जब आप मनचाहा सोचने का रहस्य जान जाएंगे तो आप वांछित सोच को तैयार करने के लिए स्वयं को बाध्य करना तथा उसे पूरा करना भी सीख जाएंगे।

अपनी इच्छाशक्ति को सुनिश्चित दिशा में सोचने तथा मनवांहितफल प्राप्त करने के लिए ही इस्तेमाल करें।

कुछ लोग एक ही समय में अपने विचारों को दसों दिशाओं में दौड़ने का प्रयास करते हैं। मेरी आपको सलाह है कि ऐसा करने से स्वयं को रोकें। अपने मस्तिष्क का इस्तेमाल अपने सपने के निर्माण के लिए करें। फिर विश्वास को बढ़ाने तथा बनाए रखने में पूरा जोर लगा दें। ध्यान रखें अपने मस्तिष्क को सही दिशा में आगे बढ़ने दें तथा भटकने अथवा पथभ्रष्ट होने से इसे बचाए रखें।

आपका विश्वास एवं उद्देश्य जितना अधिक गहरा होगा आप उतनी ही अधिक तेजी के साथ कामयाबी हासिल करेंगे क्योंकि ऐसे में आपका मस्तिष्क रेडियो स्टेशन की भांति निरंतर सकारात्मक तरंगों का प्रचार-प्रसार कर रहा होता है, जिसके परिणामस्वरूप आपको सफलता दिलाने के लिए अनाकार तत्त्व भी सक्रिय हो उठता है।

जैसे-जैसे ये विचार तरंगें चारों ओर फैलती जाती है, इसे पूरा करने के लिए जरूरी तत्त्व इनसे प्रभावित होकर आपके सपने को साकार करने की दिशा में सक्रिय हो उठते हैं। आप पाएंगे कि प्रकृति प्रत्यक्ष एवं परोक्ष रूप से जो आप पाना चाहते हैं उसे दिलाने में आपकी मदद कर रही है। आपके सपने के लिए जरूरी अनेक तत्त्वों का नव निर्माण किया जाएगा। अनेक मानव मस्तिष्क जाने-अनजाने आपकी मदद कर रहे होंगे। बस आपको ईश्वर की कृपा के प्रति सच्चे मन से कृतज्ञ बने रहना है।

शंकाओं और डरों पर ध्यान देने में आप जो भी पल गुजारते हैं, चिंता करने में आप जो भी घंटा गुजारते हैं, अविश्वास से जूझने में आपकी आत्मा जो भी समय बिताती है, आपको प्रज्ञावान तत्व के प्रवाह से दूर ले जाता है।

चूँकि विश्वास सबसे महत्त्वपूर्ण है, इसलिए आपको अपने विचारों की रक्षा करनी होगी। आपके विश्वास बहुत हद तक उन चीज़ों से तय होते हैं, जिन्हें आप देखते हैं और जिनके बारे में आप सोचते हैं, इसलिए आपको इस बात पर सतर्कता से ग़ौर करना चाहिए कि आप किस चीज़ पर ध्यान देते हैं। यहीं पर इच्छाशक्ति महत्त्वपूर्ण हो जाती है, क्योंकि आप अपनी इच्छा के अनुरूप ही अपना ध्यान केंद्रित करते हैं।

यदि आप अमीर बनना चाहते हैं, तो आपको ग़रीबी का अध्ययन नहीं करना चाहिए। नकारात्मक चीज़ों के बारे में सोचने से सकारात्मक चीजें प्राप्त नहीं होतीं। बीमारी का अध्ययन करने और उसके बारे में सोचने से स्वास्थ्य हासिल नहीं होता। पाप का अध्ययन करने और उसके बारे में सोचने से अच्छाई नहीं बढ़ती। और ग़रीबी का अध्ययन करके तथा उसके बारे में सोचकर आज तक कोई भी अमीर नहीं बना है।

रोग के विज्ञान के रूप में चिकित्सा शास्त्र ने दरअसल रोग को बढ़ाया है। पाप के विज्ञान के रूप में धर्म ने पाप को बढ़ाया है। और ग़रीबी के अध्ययन के रूप में अर्थशास्त्र दुनिया को दुख और चाहतों से भर देता है।

तो ग़रीबी के बारे में बात न करें, इसकी जाँच-पड़ताल न करें और न ही इससे कोई सरोकार रखें। इस बात की परवाह न करें कि इसके कारण क्या हैं। आपका उनसे कोई लेना-देना नहीं है। आपका संबंध तो इस बात से है कि इलाज क्या है।

दान धर्म के कार्यों अथवा निर्धनता के समूल नाश की बातें करने वाली संस्थाओं के चक्कर में व्यर्थ अपना समय बरबाद न करें। मैं आपको यह नहीं कह रहा हूँ कि आप कठोर बन जाएं अथवा लाचार लोगों की मदद ही न करें, किंतु मेरी सलाह है कि उनकी मदद करने के चक्कर में ग़रीबी का अध्ययन करना आरंभ न कर दें। याद रखें वे लोग अपनी कार्यप्रणाली के चलते निर्धन हैं न कि आपकी वजह से।

अमीर बनने का प्रयास करके ही आप निर्धनता से लड़ सकते हैं। अपने मस्तिष्क को ग़रीबी, निर्धनता, दरिद्रता एवं विवशता जैसे हीन विचारों से भरकर अमीर बनना तो दूर, आप इस विषय में सोच भी नहीं सकते। दुर्घटनाओं, शोषण, ग़रीबी, दुर्भाग्य आदि पर लिखी गई पुस्तकों अथवा लेखों से दूर रहें। ऐसी कोई भी जानकारी अपने मस्तिष्क के अंदर न जाने दें, जो आपकी सकारात्मक सोच को नुकसान पहुंचा सके।

ग़रीबों को उनके ग़रीब होने का अहसास दिलाकर अथवा उन्हें ग़रीबी से दूर रहने की सलाह देकर अमीर नहीं बनाया जा सकता, बल्कि उनकी सोच को प्रचुरता एवं संभावनाओं की दिशा में मोड़कर, उन्हें अज्ञानता का अनुभव कराकर अमीर बनने में उनकी मदद जरूर की जा सकती है।

अमीरों की संख्या में वृद्धि करके ग़रीबी कम करने का प्रयास न करें बल्कि ग़रीबों को अमीरी का रहस्य बताएं।

ग़रीबों को किसी की सांत्वना, कृपा, दया अथवा भिक्षा की नहीं बल्कि प्रेरणा की आवश्यकता है। दान, दया एवं भिक्षा उन्हें पेट भरने के लिए भोजन तो दिला सकती है परंतु अमीर बनने में उनकी सहायता नहीं कर सकती। आपके द्वारा बोले गए प्रेरणा के दो शब्द दुर्भाग्य से लड़ने के लिए उन्हें प्रोत्साहित कर सकते हैं।

आप ग़रीबों की मदद तभी कर पाएंगे, जब आप खुद अमीर हों। बिना अमीर बनें आपकी बातों में वजन नहीं होगा और न ही कोई आपकी बात को कोई गंभीरता से लेगा। आज के समय में कम्पटीशन छोड़कर रचनात्मक विधि से अमीर बनना सीखने की जरूरत है। अमीरी को कायम रखने के लिए अन्य लोगों का गला घोंटना उनकी विवशता बन जाती है जो सीधे प्रतियोगिता के माध्यम से अमीर बना है। इसके स्थान पर वह सभी को साथ रखकर तरक्की करता है तो वह लाखों लोगों के लिए प्रेरणा का स्रोत बन जाता है।

जब आप ग़रीब पर तरस खाने, ग़रीबी देखने, ग़रीबी के बारे में पढ़ने, ग़रीबी के बारे में सोचने या बात करने या इस बारे में भाषण झाड़ने वाले लोगों की बात सुनने से इंकार कर देते हैं, तो आप बेरहम या पत्थरदिल नहीं बन रहे हैं। ग़रीबी के विषय को अपने मस्तिष्क से दूर रखने के लिए अपनी इच्छाशक्ति का प्रयोग करें और इसे आस्था तथा संकल्प के साथ उस तस्वीर पर केंद्रित रखें जिसे आप बना रहे हैं। अमीर बनने का विज्ञान बिलकुल नहीं चाहता कि आप किसी दूसरे व्यक्ति या वस्तु पर शक्ति या "मानसिक नियंत्रण" का प्रयोग करें। दरअसल, ऐसा करने से आपकी प्रगति में विलंब ही होता है।

"If you are born Poor, it's not your mistake... but, if you die Poor, it's your mistake."

—Bill Gates

परमेश्वर के वचन

"यह असंभव है"

सभी कुछ संभव है। – (लूका 18:27)

"मैं थक चुका हूँ"

मैं तुम्हें विश्राम दूंगा। – (मत्ती 18:28-30)

"कोई भी मुझसे प्यार नहीं करता"

मैं तुमसे प्यार करता हूँ। – (यहुन्ना 3:16)

"मैं और नहीं सह सकता"

मेरी कृपा सदैव बनी रहेगी। – (II कुरिथियो 12:19)

"मैं नहीं कर पाऊंगा"

मैं तुम्हारा मार्गदर्शन करूंगा। – (अय्यूब 20:24)

"मैं यह नहीं कर सकता"

तुम सभी कुछ कर सकते हो। – (फिलिप्पियो 4:13)

"मैं सक्षम नहीं हूँ"

तुम सक्षम हो। – (II कुरिथियो 9:8)

"मैं इसके लायक नहीं हूँ"

मैं तुम्हें योग्य बनाऊंगा। – (रोमियो 8:28)

"मैं स्वयं को माफ नहीं कर सकता"

मैं तुम्हें क्षमा करूंगा। – (यहुन्ना 1:9, रोमियों 8:1)

"मेरे पास कुछ नहीं है"

मैं तुम्हें और दूंगा । – (फिलिप्पियो 4:19)

“मुझे डर लगता है”

तुम्हारी आत्मा डर से मुक्त है । – (II तिमोथियुस 1:7)

“मुझे चिंता है”

मैं तुम्हारे साथ हूँ। – (I पतरस 5:7)

“मुझमें भरोसा नहीं है”

मैंने तुम सभी को विश्वास दिया है। – (रोमियों 12:8)

“मैं मूर्ख हूँ”

मैंने तुम्हें ज्ञान दिया है। – (I कुरंथियो 1:30)

“मैं बहुत अकेला हूँ”

मैं तुम्हारे साथ हूँ। – (इब्रानियो 13:5)

10

इच्छाशक्ति के अन्य उपयोग

दौलत और संतुष्टि के सच्चे तथा स्पष्ट सपने को बनाए रखना तब तक संभव नहीं है, जब तक आप विरोधी तस्वीरों पर ध्यान देते रहेंगे। चाहे वे आपके आसपास के माहौल में हों या आपकी कल्पना में।

अतीत की अपनी आर्थिक समस्याओं के बारे में बातचीत न करें। उनके बारे में बिलकुल न सोचें। की जिस कारण यह आपके सकारात्मक विचारों की गति को धीमा कर देता है। निर्धनता एवं दुर्भाग्य के स्थान पर सकारात्मक सोच, कामयाबी, अमीरी तथा सफलता जैसे कारकों को प्राथमिकता दें। अच्छी बातों को सीखें और नकारात्मक विचारों को बिलकुल न दोहराएं। ऐसा करके आप इस समय स्वयं को ग़रीबों की श्रेणी में ले आते हैं। यह आपकी दिशा में आने वाली सारी अच्छी चीजों की गति धीमी कर देता है या उन्हें रोक देता है। ग़रीबी और इससे जुड़ी सारी बातों को पीछे छोड़ दें। जरूरी नहीं कि सभी जगह सभी कुछ अच्छा ही हो। कुछ प्रांतों में अथवा विशेष स्थानों पर हो सकता है स्थिति अच्छी न भी हो, परंतु नकारात्मक का अध्ययन करके अथवा उसे अपना बहुमूल्य समय देकर रोते रहने से आपको क्या मिलेगा, सिवाए इसके कि आपका ध्यान अपने लक्ष्य पर से भटकेगा और व्यर्थ में आप अपना कीमती समय बरबाद करेंगे।

ईश्वर ने सफलता का बीज आपके मस्तिष्क में डाला है। दिन रात सकारात्मक विचारों से उसे पोषित करें, नकारात्मक से उसकी रक्षा करें उसके लिए वातावरण तैयार करें ताकि वह उचित दिशा में सही प्रकार से वृद्धि कर सके।

ग़रीबों से बातें करते समय सदैव उन्हें अमीरी के विज्ञान से परिचित कराएं तथा उन्हें अमीर बनने के लिए प्रेरित करें। ऐसा करने से उनके मस्तिष्क में छिपे सफलता के बीज को पोषण मिलेगा तथा बार-बार ऐसा करने पर उनके अंदर छिपा सफलता का बीज स्वयं की पूर्ण अभिव्यक्ति की दिशा में यात्रा आरंभ कर देता है।

सफलता के शिखर पर पहुंचना मानव जीवन का महानतम लक्ष्य है। स्पर्द्धा (होड़) के मार्ग से होते हुए अमीर बनने का प्रयास करना प्रकृति के नियमों के खिलाफ है, परंतु यही कार्य जब रचनात्मक (Creative) विचारों के साथ किया जाए तो सभी कुछ बदल जाता है। आपको बस अपने सपने पर टिके रहना होगा।

ग़रीब लोगों की अलग-अलग मानसिकता पाई जाती है। सभी एक जैसा नहीं सोच पाते। कुछ लोग इस हद तक भाग्यवादी हो जाते हैं कि वे सोचते हैं कि वे कभी अमीरी का लुत्फ नहीं ले पाएंगे। ऐसे लोगों को अमीर बनाने का सबसे अच्छा उपाय यह है कि उनके बीच से किसी व्यक्ति को अमीर बनाने का प्रयास किया जाए और वह इसे साबित करे। दूसरी श्रेणी में वे लोग हैं जो करते धरते कुछ नहीं, आलस्य ही उनका जीवन दर्शन है। यही आलस्य उनको सफल नहीं होने देता और सबसे बड़ी बाधा साबित होता है। उन्हें उनके अमीर बन जाने के बाद की खुशियों के बारे में समझा कर अमीर बनने के लिए प्रेरित करने का प्रयास किया जा सकता है।

तीसरी श्रेणी में परम ज्ञानी लोग आते हैं, जो बहुत् जानते हैं और ज्ञान के अथाह सागर में तैर रहे है। उन्हें सामान्य लोगों से ज्यादा जानकारी है। कोई भी कदम उठाने के लिए उनके पास हजारों तरीके है। लेकिन फिर भी वे एक नया और आसान तरीका खोजने की जुगत में है। ऐसा इसलिए क्योंकि अन्य बाकी तरीके उनके नाकाम हो चुके हैं। उन्हें भी अमीरी का विज्ञान सिखाया जा सकता है। इसका एक तरीका है कि उनके ही बीच का कोई व्यक्ति ऊपर उठने का संकल्प ले और उसे पूरा करके दिखाए। याद रखें थोड़ा सा किया गया मामूली काम भी हजारों सिद्धांतों पर भारी पड़ जाता है।

तथा चौथे वे लोग हैं जो अमीर बनना ही नहीं चाहते। देखकर भी उन्हें दिखाई नहीं देता। वे जहां पर भी हैं अपनी स्थिति से पूर्ण संतुष्ट हैं। रूखी-सूखी खाकर वे ठण्डा पानी पी रहे हैं तथा रुमाल को चादर समझकर ओढ़ने की योग्यता को प्राप्त कर चुके हैं। स्वयं भगवान भी अगर चाहे तो उनका भला नहीं कर सकता, फिर आप किस खेत की मूली हैं।

आप अमीर बनकर ईश्वर और मानवता की सेवा जितने असरदार ढंग से कर सकते हैं, उतनी किसी दूसरे तरीके से नहीं कर सकते। ध्यान रहे, यह तभी संभव है जब आप प्रतिस्पर्धी नहीं, बल्कि सृजनात्मक तरीके से अमीर बनें। लोगों को प्रतिस्पर्धा नहीं, सृजन के माध्यम से अमीर बनना सिखाना होगा। प्रतिस्पर्धी मस्तिष्क अमीर बनने के लिए, दूसरों पर सत्ता पाने की होड़ में जुटा रहता है, लेकिन जब हमारा मस्तिष्क रचनात्मक होता है तो यह सब बदल जाता है। जो भी प्रतिस्पर्धा से अमीर बनता है, वह जिस सीढ़ी से चढ़ा है, उसे ही धक्का देकर गिरा देता है। इस तरह वह दूसरों

को नीचे रखता है। लेकिन सृजन से अमीर बनने वाला व्यक्ति हज़ारों लोगों के लिए अनुसरण की राह खोल देता है - और दूसरों को भी ऐसा ही करने के लिए प्रेरित करता है। ग़रीबी और उसकी समस्याएँ इस दुनिया से सिर्फ एक ही तरीके से दूर होंगी। वह तरीक़ा है इस पुस्तक में बताई गई विधियों का अभ्यास करने वाले लोगों की संख्या बढ़ाई जाए। एक औंस कार्य करना एक पौंड बातचीत करने के बराबर है।

मेरा दावा है कि सफलता पर केन्द्रित यह पुस्तक इतने बहुआयामी सिद्धांत समेटे हुए है कि इसके बाद आप कोई अन्य पुस्तक पढ़ने का प्रयत्न नहीं करेंगे। हो सकता है कि आपको मेरी बातें अतिश्योक्तिपूर्ण लगें, लेकिन इस सच्चाई से मुंह नहीं मोड़ा जा सकता। आप स्वयं इसे आजमा सकते है। जिस प्रकार आकलन के लिए गणित में जोड़-घटा, गुणा-भाग का सहारा लिया जाता है,उसी प्रकार इस विषय पर इस पुस्तक में दिए सिद्धांतों से इतर कोई सिद्धांत ईजाद करना असंभव है।

इस पुस्तक को सदैव अपने पास रखें तथा प्रतिदिन पढ़ें। इसमें बताए गए सिद्धांतों का शतप्रतिशत पालन करें, अन्य सिद्धांतों से इनकी तुलना करने का प्रयास न करें। यदि आप ऐसा करते हैं तो आपके मस्तिष्क में जन्मी शंका एवं अनिश्चितता आपको विफलता की ओर धकेल सकती है। एक बार अमीर बन जाने के पश्चात् आप इस विषय पर जितना चाहें उतना अधिक अध्ययन कर सकते हैं। परंतु तब तक के लिए अपने सपने को पोषण प्रदान करने वाला साहित्य ही पढ़ें। विपरीत दिशा में ले जाने वाली विचारधाराओं पर गौर न करें।

देवी-देवताओं, तंत्र-मंत्र, भूत-प्रेत आदि की बातों से दूर रहें। अदृश्य संसार (Dead Spirits) को अपना काम करने दें। हमें उनके कार्य में हस्तक्षेप करने का कोई अधिकार नहीं है। चाहकर भी हम उनकी सहायता नहीं कर सकते। उनसे मदद की अपेक्षा रखना भी व्यर्थ ही साबित हो सकता है। अतः अपनी समस्याओं को स्वयं ही सुलझाएं। गुप्त संसार की समस्त शक्तियों को अपने स्वार्थ की पूर्ति हेतु इस्तेमाल करने की कामना आपकी महत्त्वाकांक्षा के स्वास्थ्य के लिए घातक सिद्ध हो सकती है।

अभी तक हमने जानाः

- विचार तत्व ही सभी चीजों के निर्माण का जिम्मेदार है और वही वह मूल पदार्थ है तो आकार-निराकार रूप में चारों ओर मौजूद है।

- जो भी विचार इस तत्व में जन्मते हैं, उसके अनुसार ही वस्तुओं का निर्माण किया जाता है।

- मानव मस्तिष्क की क्षमता असीमित है। यह मनचाहे विचारों को जन्म देकर अनाकार तत्व की मदद से उसे साकार रूप देने में सक्षम है।

हमें रचनात्मकता का मार्ग अपनाने की जरूरत है न कि प्रतियोगिता का रास्ता। अपने मस्तिष्क में हमें एक ऐसे सपने का निर्माण करना है और अपने उद्देश्य और विश्वास को बढ़ाते हुए सकारात्मक विचारों के द्वारा इसका पोषण भी करना है। आप जैसी सफलता पाना चाहते हैं, उसके लिए आपको नकारात्मक विचारों से दूरी बरतनी होगी, अन्यथा आप हाथ मलते रह जाएंगे।

अगले अध्याय में हम सुनिश्चित दिशा में कैसे कार्य करें, यह जानेंगे।

11

प्रयास सही दिशा में

अगर आपको वांछित परिणाम प्राप्त करने हैं तो स्वयं के विचार या उसकी प्रेरणा शक्ति को जगाना होगा ताकि वह रचनात्मक ऊर्जा का उपयोग कर सके। अपने सपने को देखना मात्र ख्याली पुलाव पकाना है, अगर इसे पूरा करने के लिए जरूरी प्रयास नहीं किए गए तो इसे सिर्फ सपना बने रहने से कोई रोक नहीं सकता।

विज्ञान ने भले ही कितनी भी तरक्की की हो, मानव चांद पर पहुंच गया है, मंगल ग्रह पर मानव बस्तियां बसाने की बात चल रही है लेकिन अभी तक इतनी तरक्की नहीं की है कि सिर्फ सोचने भर से परिणाम प्राप्त किए जा सकें। इसलिए अगर आप सिर्फ सोचते हैं, जरूरी प्रयास नहीं करते तो उससे काम चलने वाला नहीं। मन मुताबिक केवल चाहने से नहीं मिलता, इसके लिए मजबूत प्रयासों की भी दरकार होती है।

विचारों के माध्यम से आप पहाड़ों के नीचे दबे सोने को अपने पास खींच सकते हैं। लेकिन ध्यान रखें कि यह सोना खदान से अपने आप नहीं निकलेगा, स्वत ही साफ नहीं होगा, सिक्के में नहीं ढलेगा और सड़क पर लुढ़कता हुए आपकी ओर नहीं आएगा और न ही आपको देखते ही सीधे आपकी जेब में आ जाएगा।

सिर्फ विचारों के माध्यम से कोई काम नहीं होता, इसके लिए मानव श्रम भी लगता है। यह न भूलें विचार निर्माण भी कर सकते हैं और तबाही का कारण भी बन सकते हैं। बस आपके प्रयास अपने सपने के साकार होते समय उसे सही नजरिए के साथ ग्रहण करने की दिशा में होने चाहिए। आपको हीन दृष्टिकोण चोरी, लालच आदि से दूर रहना होगा। अपने साथियों को उससे ज्यादा सेवाएं प्रदान करें जितने के लिए लिए उन्होंने कीमत अदा की है।

अपने विचारों पर वैज्ञानिक तरीके से काम करें तभी आपका सपना यथार्थ के धरातल पर उतर सकेगा।

अपने विचार को किसी रहस्यमय या जादुई तरीके से करने की कोशिश न करें, ताकि यह बाहर निकलकर आपके लिए काम करने लगे। यह तो अपनी कोशिशों को नष्ट करना है और इससे स्पष्ट विचार की शक्ति कम हो सकती है। अमीर बनने में विचार की भूमिका को पिछले अध्यायों में अच्छी तरह स्पष्ट कर दिया गया है आस्था और इरादे है साथ रखा गया विचार निराकार तत्व पर आपकी चीज़ की सकारात्मक छाप छोड़ देता है। निराकार तत्व में भी विस्तृत जीवन की वही इच्छा है जो आपमें है। आपका संदेश पाने के बाद यह तत्व कर्म के स्थापित मार्गों के माध्यम से सभी सृजनात्मक शक्तियों को सक्रिय कर देता है और आपकी मनचाही चीज़ आपकी ओर ले आता है। आपका काम सृजनात्मक प्रक्रिया को दिशा देना या उसकी निगरानी करना नहीं है। आपको तो बस इतना करना है कि अपने सपने को बनाए रखें, अपना इरादा अटल रखें और अपनी आस्था व कृतज्ञता बनाए रखें।

जब सपना साकार हो जाता है तो चीजें आप तक स्वयं चलकर पहुंचती हैं, परंतु उन्हें ग्रहण करने की योग्यता आपमें श्रम (Action) करने के पश्चात् ही आ पाएगी। अन्यथा चीजें आपकी आंखों के सामने से होकर गुजर जाएंगी और आप बस उन्हें हाथ मलते हुए ही देख सकते हैं।

आपको तुरंत प्रयास करने चाहिए। चाहकर भी आप बीते हुए कल में अथवा आने वाले कल में जाकर प्रयास नहीं कर सकते, अतः मेरी आपको सलाह है कि भूत को मस्तिष्क से मिटा दें तथा भविष्य को स्वर्णिम बनाने के लिए निश्चित दिशा में अविलम्ब प्रयास करने आरंभ कर दें।

आप मन मुताबिक नौकरी या पेशे में नहीं हैं, यह सोचकर अपने प्रयासों पर लगाम न लगाएं और न ही सही समय के इंतजार की बाट जोहते रहें। उचित समय कभी नहीं आता। आज का समय ही उचित समय है। अपनी योग्यता पर विश्वास रखते हुए तुरंत प्रयास शुरू कर दें। अगर आप आने वाले कल पर ध्यान देते हुए आज पर प्रयास करेंगे तो सफलता संदिग्ध है। इसलिए पूरा फोकस आज पर करें, बीता हुआ कल और आने वाले कल को भूल जाएं। आपके लिए सबसे सही यही है कि आप आज में रहते हुए अपना सर्वश्रेष्ठ प्रदान करें।

मूल तत्त्व की ओर अपनी विचार तरंगें पहुंचाकर परिणामों की प्रतीक्षा में हाथ पर हाथ धरकर न बैठे रहें, प्रयास करें अभी। कोई भी दिन न तो आज से अच्छा है और न ही होगा, आगे बढ़ें।

आज आज जिस नौकरी या पेशे में हैं, वहीं पर अपना सर्वश्रेष्ठ देने का प्रयास करें। क्योंकि जहां पर आप अभी नहीं हैं और वहां पर आप आज होना चाहते हैं तो आप आज काम कैसे करेंगे।

बीती ताये विसार दें यानि बीते हुए कल को तवज्जो न दें।

आने वाले कल की भी चिंता न करें।

चमत्कार की उम्मीद न करें,

अचानक से कभी कुछ नहीं होता।

समय बदलने का इंतजार न करें और अपने प्रयास जारी रखें।

स्वास्थ्य, समय एव धन खोने के बाद अधिकतर लोग पश्चाताप ही करते हैं।

–डेक्स्टर येगर (लेखक एवं नेटवर्कर)

सभी समय की प्रतीक्षा करते हैं परंतु मैं नहीं, क्योंकि विलम्ब अच्छे अवसरों को दफना देता है।

–बॉब जिन (लेखक)

अपने आप पर विश्वास कायम रखें, आपके प्रयास ही आपके वर्तमान के वातावरण को बदलेंगे। दिन में सपने देखने से बचें। झाड़ पर न चढ़ें, काम जारी रखें। हो सकता है कि परिवर्तन में समय लगे ऐसे में घबराएं नहीं न ही उतावलापन दिखाएं। प्रयास जारी रखें। कुछ समय बाद सब कुछ स्वयंमेव बदलना शुरू हो जाएगा।

गलत जगह पर होने से हताश या दुखी न हों, अगर आप किसी ऐसे पेशे में हैं जिसके बारे में आपको लगता है कि वह आपके लिए सही नहीं है तो काम करने से पहले सही पेशे में पहुंचने की प्रतीक्षा न करें। कोई भी इतनी गलत जगह पर नहीं है कि अपनी वर्तमान स्थिति को बेहतर बना कर सही जगह पर न पहुंच सके।

सही जगह की मानसिक तस्वीर बनाए रखें। वहाँ पहुँचने का इरादा बनाए रखे। यह आस्था रखें कि आप वहाँ पहुँच रहे हैं। लेकिन अपनी वर्तमान जगह पर ही काम करें। अपने वर्तमान पद को बेहतर पद पाने का साधन बनाएं। अपने वर्तमान परिवेश का

उपयोग बेहतर परिवेश पाने के साधन के रूप में करें । सही पद के सपने को अगर आप आस्था और इरादे के साथ बनाए रखते हैं, तो सर्वोच्च शक्ति सही पद को आपकी ओर आकर्षित करेगी। और यदि आप यहाँ बताए विशेष तरीके से काम करते हैं, तो यह आपको उस पद की ओर बढ़ाएगा।

यह अध्याय समाप्त करते समय हम अपने बुनियादी सिद्धांतों की समीक्षा करके इस सूची में कुछ नए सिद्धांत जोड़ते हैं।

सारी चीजें एक प्रज्ञावान तत्व से बनी हैं। यह तत्व इसकी मूल अवस्था में ब्रह्मांड की सभी ख़ाली जगहों में उपस्थित है और उन्हें भरता है।

इस तत्व पर छोड़ी गई विचार की छाप उस चीज़ को पैदा कर देती है, जिसकी छवि विचार में मौजूद होती है।

विचार के माध्यम से हर कोई चीज़ों को आकार दे सकता है और उस विचार की छाप निराकार तत्व पर छोड़कर उस चीज़ का सृजन करवा सकता है।

ऐसा करने के लिए आपको प्रतिस्पर्धी मानसिकता से निकलकर सृजनात्मक मानसिकता में पहुँचना होगा।

आपको अपनी मनचाही चीज़ों की स्पष्ट मानसिक तस्वीर बनानी होगी और फिर अपने विचारों में सपने के साकार होने का पक्का इरादा और अटल विश्वास रखना होगा। आपको अपना मस्तिष्क हर उस चीज़ या व्यक्ति के विरुद्ध बंद कर देना होगा, जो आपके इरादे को हिला सकता है, आपकी दृष्टि को धुँधला कर सकता है या आपकी आस्था की शक्ति कम कर सकता है। आपकी मनचाही चीज़ पास आने पर उसे पाने के लिए आपको अपने वर्तमान माहौल में लोगों और चीज़ों के साथ अभी काम करना होगा।

12

कुशल प्रयास

इस व्यवस्था से काम करवाने के लिए आपको पिछले चैप्टर के निर्देशों के अनुसार ही अपने विचार का प्रयोग करना होगा और वह सब कुछ करना होगा जिसे आप इसी समय अपनी वर्तमान जगह पर कर सकते हैं। इतना ही नहीं, आपको वह सब करना होगा जो आप कहीं भी रहते समय कर सकते हो।

आप दुनिया में तभी आगे बढ़ सकते हो, जब आप अपने वर्तमान पद की आवश्यकताओं से अधिक बड़े बन जाएं। जो अपना काम पूरा नहीं कर पाता, वह कभी अपने पद से बड़ा बन नहीं पाएगा। पूरी दुनिया उन्हीं लोगों के प्रयासों के चलते तरक्की कर रही है जो अधिक की अपेक्षा रखते हैं।

वे लोग जिंदगी की दौड़ में हर जगह पीछे की कतार में पाए जाते हैं, जो घोर आलसी होते हैं और काम करना अपना अपमान समझते है। ऐसे लोग इंसान होने के लायक ही नहीं होते है। विकास में आए अवरोध का कारण भी यही लोग होते है। बीते हुए कल की माला जपने वाले ये लोग एक तरीके से विकास के विरोधी होते हैं।

उस देश या राष्ट की तरक्की रूक जाती है या धीमी पड़ जाती है, जहां ऐसे लोग बहुतायत में पाए जाते हैं। मानव और पशुओं में मुख्य अंतर मानसिक विकास का होता है। जानवरों के संसार में उन्नत्ति का पैमाना मात्र उनकी जनसंख्या होता है, जबकि मानवीय समाज में यह उन्नत्ति शारीरिक के साथ मानसिक भी होती है।

आज का दिन अगर आपकी उपलब्धि से ओत-प्रोत है तो समझें की आप विकास की सही राह पकड़े हुए हैं, अगर इसके ठीक उल्टा है तो मान लेना कि आप अपने सपने से दूर छिटक रहे हैं। हर दिन को सफल बनाएं ताकि आपकी गिनती जल्द से जल्द अमीरों की श्रेणी में हो सके।

जितना संभव हो सके उतना अधिक कार्य आज ही पूरा करने की आदत डालें। जो लोग आज के कामों को कल पर टालते चले जाते हैं, ये साथ-साथ अपनी विफलता को भी सुनिश्चित करते चले जाते हैं।

पूर्णत: लग्नशीन होकर प्रयास करने पर अनेक शक्तियां आपको कामयाबी दिलाने की दिशा में सक्रिय हो उठती हैं। कुछ प्रयास बड़े होते हैं परंतु उनके परिणाम अपेक्षा से अधिक छोटे हो सकते हैं। ठीक इसके विपरीत कुछ प्रयास छोटे होते हैं जिनके परिणाम असाधारण होते हैं, ये प्रयास आपके लिए संभावनाओं के नए द्वार खोल देते हैं। किंतु कुछ लोग छोटे प्रयासों को नजरअंदाज करके बड़ी सफलता से हाथ धो बैठते हैं।

मत भूलें कि दोनों प्रकार के प्रयास महत्त्वपूर्ण हैं। प्रत्येक दिन के काम उसी दिन निपटाएं। कल के काम आज और आज के काम कल पर टरकाने का प्रयास न करें, इस प्रकार काम का ढेर उत्पन्न हो जाएगा और आप कोई भी काम सही तरीके से नहीं कर पाएंगे।

इस दुनिया में सवाल यह नहीं है कि आपने कितना काम किया, सवाल यह है कि कितनी कुशलता से गुणवत्तापूर्ण कार्य किया।

कामचोरी या लापरवाही से किए प्रयास केवल आपको अससफलता की ओर ले जाते हैं। आप जीवन भर यही तरीका फॉलो करते रहते हो और एक असफल व्यक्ति की कहानी बनकर रह जाते हो।

संक्षेप में कहा जाए तो कुछ ही कामों को कुशल तथा बहुत सारे कामों को अकुशल तरीके से करने पर विफलता के अतिरिक्त कुछ अन्य प्राप्त नहीं किया जा सकता।

इसके उलट कुशलता से किए काम न सिर्फ आपको सफल बनाते हैं, बल्कि आपका सपना भी पूरा करते हैं।

मुझे पूरी उम्मीद है कि अब तक आपको अमीर बनने का फार्मूला पता चल चुका होगा। जहां तक संभव हो अकुशलता के साथ कार्य करने से बचें तथा अपने प्रत्येक कार्य को दक्षता के साथ करने की आदत डालें। जब आप ऐसा करना आरंभ कर देते हैं तो समस्त सकारात्मक शक्तियां आपके रिलए सक्रिय हो उठती हैं, तथा याद रखें सभी शक्तियों का एक साथ विफल होना पूर्णतः असंभव है। मनचाहा प्राप्त करने की दिशा में आपको ठोस प्रयास करने चाहिए,तथा विश्वास एवं उद्देश्य की गहराई को बढ़ाकर अपने प्रयासों को और अधिक शक्तिशाली बनाना आपके हाथ में है।

अधिकतर लोग मानसिक एवं शारीरिक शक्तियों के बीच सही तालमेल स्थापित करने में विफल हो जाते हैं।

एक यही वह बिंदु है, जहाँ मानसिक शक्ति को व्यक्तिगत कर्म से अलग करने वाले लोग असफल रहते हैं। वे जगह और समय में मस्तिष्क की शक्ति का उपयोग करते हैं, लेकिन दूसरी जगह और समय में अलग तरह से काम करते हैं। इसीलिए उनके सभी काम सफल नहीं होते और उनमें से बहुत से काम बेअसर साबित होते हैं।

आप देख सकते हैं कि यदि आप कोई अप्रभावी कर्म न करें और हर कर्म पर्याप्त प्रभावी ढंग से करें, तो आप अमीर बन जाएँगे। सवाल यह है कि क्या आप हर कर्म को सफल बना सकते हैं। निश्चित ही! आप ऐसा कर सकते हैं।

आप हर कर्म को सफल बना सकते हैं, क्योंकि सर्वोच्च शक्ति भी आपके साथ ही काम कर रही है और यह कभी असफल नहीं हो सकती। अनंत तत्व सर्वशक्तिमान है। और यह आपकी पूरी मदद करता है। हर कर्म में प्रभावी बनने के लिए आपको तो बस उसमें आस्था की शक्ति डालनी है।

अपने सपने को बनाए रखने से आप अपने हर काम को शक्तिशाली और प्रभावी बना सकते हैं, बशर्ते आप उसमें अपनी आस्था और इरादे की पूरी शक्ति भर दें। जिस तरह हर काम प्रभावी या अप्रभावी होता है, उसी तरह हर काम शक्तिशाली या कमज़ोर भी होता है। जब आपका हर काम शक्तिशाली और प्रभावी होता है, तो इसका सीधा सा अर्थ है कि आप उस तरीके से काम कर रहे हैं, जो आपको अमीर बना देगा।

यह न भूलें कि जो काम सफल होता है उसका परिणाम कम्यूलेटिव अर्थात संचयी होता है। अब चूंकि दीर्घ जीवन सभी का सपना होता है, इसलिए जब लोग अधिक विस्तृत जीवन ओर बढ़ना शुरू करते हैं, तो उनकी ओर अधिक चीजें होती हैं और उनके इरादे का असर कई गुना हो जाता है। इसलिए प्रत्येक दिन वह सब कुछ करें जो आप उस दिन निपटा सकते हो। अपने काम में प्रभावी बनें।

छोटे-बड़े हर काम को करते समय अपना सपना नहीं भूलें, लेकिन यहां पर यह भी सावधानी रखनी है कि हर समय पूरे विस्तार से सपना देखने से अपने को रोकना होगा। अपने सपने के विस्तृत विवरणों ध्यान केंद्रित करने के लिए फुरसत के पलों का उपयोग करें पर और उन पर तब तक मनन करें, जब तक कि वे दृढ़ता से आपकी स्मृति में बैठ न जाएं। अपनी मानसिक तस्वीर पर तब तक मनन करें, जब तक कि आपकी चेतना उससे इतनी न भर जाए कि आप उसे पल भर में याद कर सकें।

तत्काल परिणाम के लिए इस अभ्यास को फुरसत में करें। सपने पर मनन करना, आपकी मनचाही मानसिक तस्वीर और उसके छोटे से छोटे विवरण की छाप, आपके मस्तिष्क पर इतनी दृढ़ता से छोड़ता है और इसे निराकार तत्व की ओर इतनी पूर्णता से पहुँचाता है कि इसे सामने लाने के लिए आपको इसके बारे में सिर्फ़ पल भर सोचने की ही आवश्यकता होती है। आप इस संभावना के बारे में इतने रोमांचित हो जाएँगे कि इसका हल्का सा विचार भी आपके पूरे अस्तित्व को ऊर्जावान बना देगा। यह आपकी आस्था और इरादे को उत्तेजित कर देगा तथा आपके सर्वश्रेष्ठ अस्तित्व को सामने ले आएगा।

एक बार फिर हम अपने बुनियादी कथन दोहराते हैं और जिस बिंदु पर हम पहुँच चुके हैं, उसके लिए एक नया कथन जोड़ देते हैं।

- सारी चीज़ एक प्रज्ञावान तत्व से बनी हैं। यह तत्व इसकी मूल अवस्था में ब्रह्मांड की सभी ख़ाली जगहों में उपस्थित है और उन्हें भरता है।

- इस तत्व पर छोड़ी गई विचार की छाप उस चीज़ को पैदा कर देती है, जिसकी छवि विचार में मौजूद होती है।

- विचार के माध्यम से हर कोई चीज़ों को आकार दे सकता है और उस विचार की छाप निराकार तत्व पर छोड़कर उस चीज़ का सृजन करवा सकता है।

ऐसा करने के लिए आपको प्रतिस्पर्धी मानसिकता से निकलकर सृजनात्मक मानसिकता में पहुँचना होगा। आपको अपनी मनचाही चीज़ों की स्पष्ट मानसिक तस्वीर बनानी होगी और फिर अपने विचारों में इस सपने के साकार होने का पक्का इरादा और अटल विश्वास रखना होगा। इसके लिए आपको बस हर दिन अपने सारे कर्म प्रभावी ढंग से करने होंगे।

आपके विचार

आज सारे दिन मैं बाहर घूमता रहा और कोई दुर्घटना नहीं हुई। आज सारे दिन लोगों से मिलता रहा और कहीं अपमानित नहीं हुआ। आज सारे दिन सच बोलता रहा और किसी ने बुरा नहीं माना। आज सबका यकीन किया और कहीं धोखा नहीं खाया। और सबसे बड़ा चमत्कार तो यह कि घर लौटकर मैंने किसी और को नहीं स्वयं को ही लौटा हुआ पाया।

—कुंवर नारायण

13

सही काम की तलाश

किसी भी व्यवसाय में सफलता आंशिक तौर पर उस व्यवसाय के लिए जरूरी गुणों और योग्यताओं को विकसित करने पर निर्भर होती है।

अगर आप एक गायक बनना चाहते हैं तो पहले आपका गीत-संगीत में निपुण होना अतिआवश्यक है। बायोलॉजी का अध्यापक बनने के लिए आपको जीव विज्ञान में निपुण होना चाहिए। इसी प्रकार इंजीनियरिंग के क्षेत्र में सफलता के लिए आपको यांत्रिक विशेषज्ञ बनना होगा। आपकी निपुणता आपको तय समय में योग्यता के अनुसार काम समाप्त करने की योग्यता तो दिलाती है लेकिन ऐसा आवश्यक नहीं कि इससे आप धनी बन ही जाएं। संसार में लाखों लोग ऐसे हैं जो अपने काम में निष्णात हैं लेकिन वे धनी नहीं हैं। इसके उदाहरण आपको हर क्षेत्र में मिल जाएंगे। चाहे वह डॉक्टरी का पेशा हो, चाहे वह इंजीनियरिंग का पेशा हो, या फिर शिक्षा का क्षेत्र हो। कई ऐसे डॉक्टर देखने को मिल जाएंगे जो अपने क्षेत्र में तो विशेषज्ञ हैं लेकिन अमीर नहीं हैं। ऐसे हजारों व्यवसायी हैं जो कुछ भी बेंच दें लेकिन वे धनी नहीं हैं।

किसी काम में विशेषज्ञ होना बुरी बात नहीं है लेकिन अपनी विशेषज्ञता का इस्तेमाल सही दिशा में करना जरूरी है। अगर आप एक चित्रकार हैं और एक सुंदर पेंटिंग तैयार करते हैं और कोई नकल पर बिलकुल हूबहू पेंटिंग तैयार कर देता है तो क्या आप दोनों की योग्यता एक जैसी है। मेरी मानें तो इसमें पहले वाले कलाकार के साथ अन्याय होगा। क्योंकि उसे अपनी विशेषज्ञता, दक्षता और औजारों का इस्तेमाल करना अच्छी तरह आता है।

आपका मस्तिष्क परमपिता का दिया गया ऐसा उपहार है जिसका इस्तेमाल अगर आप पूरी दक्षता से करेंगे तो जल्द ही आप उस व्यवसाय की ऊंचाइयों को छुएंगे। तब आपको अमीर बनने से कोई नहीं रोक सकता है।

आम तौर पर आप उस व्यवसाय में सर्वश्रेष्ठ प्रदर्शन करेंगे, जिसके लिए आप नैसर्गिक रूप से उपयुक्त हैं और जिसमें आप अपनी सबसे शक्तिशाली योग्यताओं का उपयोग करते हैं। लेकिन इस कथन की अपनी सीमाएं हैं: आप जिन योग्यताओं के साथ पैदा हुए थे, वे आपके पेशे को रूप से तय नहीं करती।

आप किसी भी व्यवसाय में अमीर बन सकते हैं, क्योंकि यदि अगर आपके पास उससे संबंधित नैसर्गिक योग्यता नहीं है, तो आप उसे विकसित भी कर सकते हैं। आपको तो बस नैसर्गिक औज़ारों पर विश्वास किए बिना राह में चलते-चलते अपने औज़ार बनाने हैं। किसी ऐसे व्यवसाय में सफल होना आपके लिए अपेक्षाकृत सरल है, जिसके लिए आपने पहले से ही योग्यताएँ विकसित कर ली हैं, लेकिन कि आप कोई भी बुनियादी योग्यता विकसित कर सकते हैं।

और ऐसी कोई योग्यता नहीं है, जो हर व्यक्ति में किसी भी स्तर पर न हो, इसलिए आप किसी भी व्यवसाय में सफल हो सकते हैं।

वास्तविकता यह है कि, आप जो भी करना चाहें हैं, कर सकते हैं। यह आपका अधिकार है कि आप उस व्यवसाय या पेशे में जाएँ, जो आपको अपने लिए सबसे उपयुक्त और सुखद लग रहा हो। आप ऐसा कोई काम करने के लिए मजबूर नहीं हैं, जिसे करना आपको पसंद नहीं है और आपको उसे करना भी नहीं चाहिए, बशर्ते आप उसे अपनी मनचाही चीज़ तक पहुँचने (उदाहरण के लिए, कॉलेज जाने) की प्रक्रिया में न कर रहे हों।

बाक़ी चीजें समान होने पर उस व्यवसाय में काम करना सबसे अच्छा रहता है, जिसके लिए आपमें सबसे अच्छी विकसित योग्यता हो, लेकिन अगर आपके मन में किसी विशेष क्षेत्र में जाने की प्रबल इच्छा हो, तो आपको अंतिम लक्ष्य के रूप में उसी का चुनाव करना चाहिए। हालाँकि आप अपने लिए सबसे अधिक उपयुक्त व्यवसाय करके सबसे सरलता से अमीर बनेंगे, लेकिन अगर आप वाकई अपना मनचाहा काम करते हैं, तो आप सबसे संतोषजनक ढंग से अमीर बनेंगे। आप जिस चीज़ को करने के लिए आकर्षित होते हैं, वही जीवन है। यदि हम कभी वह न कर सकें, जो करना चाहते हैं और हमें हमेशा ऐसा काम करने के लिए मजबूर किया जाए, जिसमें हमें आनंद न आता हो तो मात्र जीवन जीने में कोई सच्ची संतुष्टि नहीं है।

इच्छाएं शक्ति की परिचायक होती हैं। यदि आपके मन में किसी अनजाने संगीत के तार छेड़ने की अभिलाषा जन्म लेती है तो इसका सीधा सा अर्थ यह है कि कोई अजन्मा संगीत आपके माध्यम से अपनी अभिव्यक्ति का मार्ग खोजने का प्रयास कर रहा है।

ठीक इसके विपरीत जिस कार्य को करने की क्षमता हममें नहीं होती उसे करने की इच्छा का भी हममें अभाव ही होता है। इच्छाएं आपके लिए अवसर बन सकती हैं, जरूरत है तो बस इनकी पूर्ति के सही मार्ग को खोज निकालने की।

यदि आप अपने मनपसंद व्यवसाय में उतरने का फैसला करते हो तो यह आपका उत्कृष्ट फैसला साबित होगा। वह काम करना काफी सरल हो जाता है जो आपके मन का होता है। मन को जो काम पसंद नहीं, अगर वह काम आप करते हैं तो न तो आप खुश होंगे और न ही आपको सफलता नसीब होगी।

आपके साथ हो सकता है कि आप उस व्यापार या व्यवसाय में हों जो आपको कभी पसंद न आता हो। अगर ऐसे वातावरण में आप लगातार काम करेंगे तो न तो सफल होंगे और न ही अपने स्वास्थ्य को सही रख पाएंगे। इसका सबसे अच्छा उपाय है कि ऐसे वातावरण में आप उसी जगह इस मानसिकता के साथ काम करें जैसे आप अपनी पसंद के कार्यक्षेत्र में कार्य कर रहे हों। धीरे-धीरे समय बदलेगा और आपकी इच्छा के अनुसार सब बदलना शुरू हो जाएगा।

अवसर को चूकें नहीं, तुरंत फैसला करें। लेकिन मन के किसी कोने में थोड़ी सी भी शंका हो तो पहले उसका निवारण करें फिर फैसला करें। इसमें जल्दबाजी से आपको नुकसान हो सकता है। अगर आपको लगता है कि आपका व्यापार आपकी रूचि का नहीं है तो अचानक से इसे न बदलें।

अच्छे अवसर आने पर तुरंत फैसला करें। परंतु अगर थोड़ी भी शंका है तो निर्णय लेने में जरा भी जल्दबाजी न करें। अगर आप महसूस करते हैं कि आप सही व्यवसाय नहीं हैं, तो जल्दबाज़ी में किसी दूसरे व्यवसाय में जाने की कोशिश न करें। आम तौर पर, हमारे व्यवसाय या को बदलने का सबसे अच्छा तरीका होता है विकास जैसा हम पहले कह चुके हैं, पद के लिए आवश्यक चीज़ों से अधिक करना, जब तक कि माहौल बदल न जाए। तो कभी भी अचानक या क्रांतिकारी क़दम न उठाएँ, जब आपको ऐसा करने की बुद्धिमानी पर शक हो।

दूसरी ओर, अगर मौका आपके सामने आ ही जाए तो सावधानी से कदम उठाएं, सोचें और विचारें कि क्या यह सही अवसर है। अगर उत्तर हां में है तो आने वाले मौके को लपक लें और ऐसे परिवर्तन से तनाव न लें, यह आपके हित में ही सिद्ध होगा।

14

वृद्धि की छाप

चाहे आप अंततः अपना काम या व्यवसाय बदलें या न बदलें, फिलहाल तो आपके सारे काम उसी पेशे के तालमेल में होने चाहिए, जिसमें आप इस समय हैं। आप जिस भी पद पर हैं, उसका सृजनात्मक उपयोग करके अपने मनचाहे पद तक पहुंच सकते हैं, बशर्ते आप हर दिन यहां बताए गए विशेष तरीके से काम करें। महिला हो या पुरुष सभी प्रचुरता को पसंद करते हैं। वृद्धि प्रचुरता संभावनाओं की पूर्ण अभिव्यक्ति का परिणाम है। वृद्धि का अहसास सारी प्रकृति में है। यह ब्रह्मांड का मूल आवेग है। हर जीवित चीज को लगातार वृद्धि और उन्नति करनी होती है। जहां भी जीवन की वृद्धि रुकती है, ठहराव या मौत तुरंत आ धमकती है।

हर व्यक्ति सहज रूप से यह बात जानता है, इसलिए हमेशा अधिक की चाह करता है। सभी मानवीय वृद्धि की इच्छा पर आधारित होती हैं। हर जगह लोग अधिक भोजन, अधिक अच्छे कपड़े, बेहतर आवास, अधिक सुंदरता, अधिक ज्ञान, अधिक खुशी चाहते हैं। वे किसी न किसी रूप में वृद्धि करना चाहते हैं, जो अधिक या बेहतर जीवन का सूचक है। और चूंकि यह आपकी प्रकृति की सबसे गहरी सहज भावना है, इसलिए हर व्यक्ति उन लोगों के प्रति आकर्षित होता है, जो उसे जीवन के अधिक से अधिक साधन दे सकें।

ईसा मसीह ने योग्यताओं की नीतिकथा में सतत वृद्धि का नियम बताया था, जिसका सार है, "जो मूल्य बढ़ाते हैं, सिर्फ वही उसमें से कुछ अपने पास रख पाते हैं; जो अपने पास मौजूद चीज़ का मूल्य नहीं बढ़ा पाता, उससे अंततः वो चीज़ छीन ली जाती है।"

इसलिए अधिक दौलत की सामान्य इच्छा न तो बुरी है, न ही घिनौनी। यह तो प्रचुर जीवन की इच्छा है। यह आशा है, आकांक्षा है। सारे स्त्री-पुरुष विकास का

अवसर खोजते रहते हैं। यह उनके भीतर की निराकार प्रज्ञा की प्रेरणा है, जो अधिक पूर्ण अभिव्यक्ति खोजती है।

इस पुस्तक में बताई गई विधियों पर अमल करके आप अपने लिए लगातार कुछ हासिल कर रहे हैं और अपने संपर्क में आने वाले सभी लोगों के जीवन में वृद्धि कर रहे हैं। आप एक सृजनात्मक केंद्र हैं, जिससे वृद्धि का एहसास सभी की ओर परावर्तित हो रहा है।

आपके संपर्क में आने वाले प्रत्येक स्त्री-पुरुष, बच्चे-बूढ़े सभी को वृद्धि की ओर तेजी के साथ अग्रसर होने के लिए प्रेरित करें। फिर चाहे आप किसी छोटे बच्चे को चॉकलेट ही क्यों न बेच रहे हों, अपना ध्यान वृद्धि पर केंद्रित रखकर अपने ग्राहकों को सर्वश्रेष्ठ सेवा प्रदान करें। ऐसा करके आप महत्त्वपूर्ण बन जाते हैं। अपने प्रत्येक प्रयास को विशेष बनाएं। अपने संपर्क में आने वाले सभी लोगों को निरंतर प्रोत्साहित करें। उन पर अपनी अमिट छाप छोड़ें। जो भी करें पूरे विश्वास के साथ करें।

महसूस करे आप सफलता पाने की दिशा में तेजी के साथ आगे बढ़ रहे हैं, साथ ही आप कामयाबी पाने में हजारों लोगों की मदद भी कर रहे हैं।

अपनी सफलता के बारे में फालतु और नकारात्मक बातों से बचें। गप्पबाजी से सतर्क रहें। यह न भूलें कोरी गप्पबाजी करने वाले लोग अपने काम और सपने को लेकर हमेशा शंकालु रहते हैं। पूरे विश्वास और मनोयोग से प्रयास करना जारी रखें।

यह विचार मन में उतार लें कि आप अमीर बनने वाले हैं। इसको व्यक्त करने के लिए आपके शब्दों की जरूरत नहीं पड़ेगी, क्योंकि अन्य लोग केवल महसूस करके आपके विचार पकड़ लेंगे।

अपने आप में इतना बदलाव लाएं कि आपके संपर्क में आने वाला हर व्यक्ति स्वयं के लिए भी महत्त्वपूर्ण और सकारात्मक महसूस करे। उसे उसके द्वारा अदा की गई कीमत से ज्यादा की सेवा आप प्रदान करें।

ऐसा करना आपको पसंद है यह बात लोगों को पता चल जाने दें, यह आपके व्यापार के स्वास्थ्य के लिए अच्छा रहता है क्योंकि लोग सेवा के भूखे होते हैं।

ईश्वर को प्रचुरता पसंद है, इसलिए वह इस काम में आपकी मदद करता है। ऐसे में आपकी तरक्की की रफ्तार दिन दूनी और रात चौगुनी गति से बढ़ जाती है। इसके लिए जरूरी है कि आप अपनी ओर से कोई कमी न छोड़ें, अपनी तैयारी जारी रखें। जब आप ऐसा करें तो अर्जुन की भांति आपकी निगाहें मछली की आंख पर रहनी चाहिए। आपका लक्ष्य आपकी पहुँच के अंदर होना चाहिए। अपने मतलब के लिए अन्य लोगों का न तो इस्तेमाल करें और न ही उनका अहित करें।

समय-समय पर सत्ता (Power) हथियाने की अपनी लालसा को पूरा करने के लिए राजा-महाराजा इस धरती को मासूम लोगों के खून से रंगते आए हैं। उनके इस कुकृत्य को किसी भी दृष्टिकोण से प्रचुरता में सहयोग की संज्ञा नहीं दी जा सकती, क्योंकि इससे प्रकृति एवं ईश्वर की योजनाओं में बाधा पहुंचती है।

मासूम लोगों के साथ यही सब आजकल हो रहा है। राजनेता, व्यापारी और उद्योगपति उन्हें मूर्ख बनाने में लगे हुए हैं। वे दिन-रात मिलकर मच्छर की भांति जनता का खून चूस रहे हैं। वासनापूर्ति के लिए जनता उनकी आसान शिकार बन रही है। अगर आप इन सब चीजों के शिकार हैं तो अच्छी बात नहीं और अगर आप खुद शिकारियों की जमात में शामिल हैं तो भी यह गलत है।

यह सभी कुछ जानने समझने के बाद आपके लिए पहल करना अनिवार्य हो जाता है। किताब में दिए गए मूल भूत सिद्धांतों का पालन करते हुए खुद का व्यापार खड़ा करें, जिसमें आपकी विजय का श्रेय अन्य लोगों को मिले। यह ध्यान रखें कि न तो किसी को अपनी अंगुली पर नचाएं और न ही किसी दूसरे के इशारे पर काम करें। अपना भाग्य खुद लिखें।

सृजनात्मक कार्य के सिद्धांत का इससे बेहतर कथन कोई नहीं है, जो टोलेडो, ओहिया के स्वर्गीय स्वर्णिम नियम जोन्स का पसंदीदा वाक्य था

- मैं अपने लिए जो चाहता हूं, वही हर व्यक्ति के लिए चाहता हूँ।

उम्मीद है नीचे दी गई टोलेडो के "Golden Rule" जोन्स की सत्यकथा आपको प्रेरित करेगी।

"Golden Rule" Jones

सैमुअल मिल्टन जोन्स का जन्म सन् 1846 में गेलर्ट, नार्थ वेल्स में हुआ था। जब वे बहुत छोटे थे। तभी उनके माता-पिता पूर्वी संयुक्त राज्य अमेरिका चले गए थे। जोन्स ने पेनसिल्वेनिया में तेल के कारखाने में काम करना आरंभ कर दिया। फिर 1894 में ओहियों में तेल के खनन में उपयोगी यंत्रों का निर्माण कार्य आरंभ कर दिया। अपने स्पष्ट व्यवहार एवं ईमानदारी के चलते जोन्स ने जल्द ही नाम कमाना शुरु कर दिया। दूसरों के साथ ऐसा व्यवहार करो जैसा आपको उनसे अपने लिए चाहिए जोन्स का स्वर्ण नियम था, जिसे उन्होंने अपनी फैक्ट्री की दीवारों पर बड़े अक्षरों में लिखवा रखा था। जोन्स समय एवं नियम के पक्के थे। वह समय से पूर्व ही फैक्ट्री पहुंच जाया करते थे। उनके कारखाने में मजदूर दस की जगह आठ घंटे काम किया करते थे। उन्हें सप्ताह भर की वेतन सहित छुट्टियां, बीमा आदि की सुविधाएं दी जाती थीं। जोन्स का कारखाना टाइमकीपर्स की चमचागिरी तथा बॉस की दादागिरी से मुक्त था। कर्मचारियों के लिए वहां बगीचा एवं खेल का मैदान भी बनाया गया था। वहां के कर्मी कम्पनी के खर्चे पर पिकनिक मनाने जाया करते थे।

सदी के अंत में जोन्स टोलेडो शहर के मेयर नियुक्त हुए तथा उन्होंने चार कार्यकाल पूरे किए। वे शहर के सबसे अधिक सम्मानित व्यक्ति तथा राजनेता बन गए। उन्होंने जनता की भलाई के लिए अनेक नियम कानून बनाए।

1904 में 57 वर्ष की अवस्था में वे अपने कार्यालय में मृत पाए गए। सैमुअल मिल्टन जोन्स को एक अच्छे व्यक्ति के रूप में हमेशा याद किया जाएगा।

15

प्रगति पुरुष

पिछले अध्याय में जो कहा गया था, वह पेशेवर लोगों पर भी लागू होता है, वेतन वालों पर भी और सेल्समैन या अन्य किसी व्यवसाय के व्यक्ति पर भी। पेशे के माध्यम से दूसरों का जीवन बेहतर बनाना आप चाहे किसी भी पेशे में हों, चाहे आप डॉक्टर हों, शिक्षक हों या पादरी, अगर आप किसी भी तरीके से दूसरों के जीवन को बेहतर बना सकते हैं और उन्हें इस बात का एहसास करा सकते हैं, तो वे आपकी ओर आकर्षित होंगे, आपके काम में सहयोग देंगे और इस तरह आप अमीर बन जाएँगे।

जो डॉक्टर महान और सफल बनने का सपना देखता है। और पूरी आस्था और इरादे के साथ उस सपने को साकार करने के लिए मेहनत करता है, जैसा कि पिछले अध्यायों में वर्णन किया गया है, वह जीवन के स्रोत के इतने निकट संपर्क में पहुँच जाएगा कि बेहद सफल रहेगा और उसके दरवाजे पर रोगियों की भीड़ लगी रहेगी।

इस पुस्तक की शिक्षा को अमल में लाने का जितना अवसर डॉक्टरों, नर्सों और उपचार के अन्य पेशों में है, उतना कहीं नहीं है। इससे कोई फर्क नहीं पड़ता कि वे किस उपचार पद्धति का अभ्यास करते हैं, क्योंकि सभी में उपचार का सिद्धांत समान है और सभी उस तक पहुँच सकते हैं। जो डॉक्टर सफल व्यक्ति के रूप में स्पष्ट मानसिक तस्वीर रखते हैं और आस्था, इरादे व कृतज्ञता के नियमों का पालन करते हैं, वे हर साध्य रोग का इलाज कर सकेंगे।

धर्मगुरु अभी तक धर्म के रास्ते पर चलने का उपदेश देते आ रहे है। यह बड़े-बड़े जनसमूह को एकत्रित कर उन्हें सफलता का ज्ञान देते आए हैं। इन्हें अभी तक जनता का मान और आदर मिलता रहा है। लेकिन उनके प्रवचनों पर लोगों ने कान नहीं रखा और एक कान से सुनकर दूसरे कान से निकाल दिया। लेकिन बदलते समय में अगर लोग सफल होने की इच्छा रखते हैं तो उन्हें मंच पर बैठकर उपदेश करने वाले

धर्मगुरुओं राजनीतिज्ञों के स्थान पर सफलता के इन सिद्धांतों का पालन करके अथवा स्वयं कामयाब बने सच्चे शिक्षकों की विशेष आवश्यकता है, क्योंकि ऐसा व्यक्ति ही हमें ग़रीबी के धरातल से उठाकर अमीरी के आसमान पर पहुंचा सकता है, जिसने खुद इन सिद्धांतों की मदद से अपनी ग़रीबी से छुटकारा पाया हो।

ठीक इसी तरह वही शिक्षक अपने छात्रों को सफलता के मार्ग पर ले जा सकता है जिसने स्वयं सफलता का स्वाद चखा हो। यह स्वर्णिम नियम सभी पेशेवर व्यक्तियों पर लागू होता है।

निरंतर दोहराए जाने से परिचय पैदा होता है ज्ञान नहीं। बूढ़े और बच्चेमें यही अंतर है कि बूढ़ा जानता है और बच्चा नहीं जानता। बूढ़े का जाननाझूठ है जबकि बच्चे का न जानना सच।

—ओशो रजनीश

मेरे द्वारा सुझाया गया मानसिक और शारीरिक कर्म अचूक है। यह असफल हो ही नहीं सकता। जो भी इन निर्देशों का अनुसरण निरंतर, लगन से करता है और अक्षरक्ष: करता है, वह जरूरी अमीर बनेगा। आप मानें या न मानें गुरुत्वाकर्षण (Gravity) की भांति अमीरी का नियम भी पूरी तरह शाश्वत् है।

अमीर बनने की राह में किस्मत को रोड़ा समझने वाले ग़रीब मायूस न हों। हालांकि यह सत्य है कि वर्तमान स्थितियों में जो लोग जहां भी काम रहे हैं, वहां पर रहकर अमीर बनने का ख्वाव देखना मुमकिन नहीं। इसका कारण है कि वे जो पैसा कमाते हैं, वह उनके खर्चे के लिए पूरा नहीं पड़ता। यह उनकी आमदनी से कई गुना ज्यादा तक होता है। ऐसे लोगों को मेरी एक सलाह है कि वे इस पुस्तक को पवित्र गीता समझकर इस पर विश्वास करें और पूर्ण विश्वास के लिए सिद्धांतों का पालन करें। लोग जल्द ही आपको अमीरों की श्रेणी में पाएंगे।

एक बात और महत्त्वपूर्ण है कि आप ऐसा न सोंचें कि वर्तमान मालिक अमीर बनने में मेरी मदद करेंगे, यह संभव नहीं। इसलिए इन सिद्धांतों का भूलकर भी अपनी वर्तमान नौकरी में प्रयोग न करें, यह आपके सपने के लिए घातक सिद्ध हो सकता है। यह न भूलें कि मालिक हर उस कर्मचारी को पसंद करता है, जो अपना काम पूरी मेहनत और ईमानदारी से कर रहा है। ऐसे में कर्मचारी के पास कोई च्वाइश नहीं होती है, कि वह अपनी पसंद का काम कर ले। उसे वही करना पड़ता है जो उसका मालिक करने का आदेश देता है। आपमें कुछ खराब आदतें होंगे, उन्हें बदल डालें। इनमें जी

हजूरी, अनावश्यक सलाह लेना और उनके कहे मुताबिक काम करना, इनसे जल्द से जल्द छुटकारा पा लें। यह समझ लें कि आप ही अपने बारे में बेहतर निर्णय ले सकते हैं और कोई नहीं।

सफलता को मन में ठानकर अपनी ओर से पूरी ताकत लगाकर अपने सपने की दिशा में लगातार काम करें। कुछ समय बाद आप अपने चारों ओर नए-नए अवसरों को पाएंगे, बशर्ते आप अपने संपर्क में आने वाले लोगों को प्रोत्साहित कर पाएं। परमपिता को कामयाबी पसंद है और वे इसे आपके माध्यम से पाना चाहते हैं, इसलिए आपका पहला कर्त्तव्य बनता है कि आप ईश्वर का सहयोग करें।

यह समझें कि ऐसी कोई शक्ति नहीं जो आपको सफल होने से रोक रही हो। फिर चाहे वह औद्योगिकी, राजनीति या आर्थिक शक्ति हो। आपकी सफलता खुद को ढूढ़ रही है,वह स्वयं घटित होने का रास्ता खोज रही है, आपको बस इतना करना है कि उसे उसके अभीष्ट मार्ग की ओर ले जाना है।

यदि किसी कारखाने के कुछ कर्मचारी धनी बनने का फैसला कर लें तो उस कारखाने का भविष्य निश्चित तौर पर अंधकारमय होगा। अपने कर्मचारियों की तरक्की के मार्ग को रोकना, उनके भविष्य के लिए अपने मन के मुताबिक फैसले लेना ही उनके काम होते हैं।

अगर धनी बनने के मार्ग में आपको मौके मिल रहे हैं तो उनकी अनदेखी न करें। ये अवसरों का आपस में जुड़ाव होता है, जो हम सबको नहीं दिखता है। ये दृश्य-अदृश्य होते हैं। इसलिए आपको पता ही नहीं चल पाता कि कौन सा अवसर आपके लिए सफलता का तोहफा लेकर आएगा।

अवसरों की कमी जैसी कोई बात नहीं होती। आप जो बनना चाहते हैं, वह सब बनने के लिए "आदर्श" अवसर की प्रतीक्षा न करें। आप वर्तमान में जितने हैं, उससे अधिक बनने का अवसर जब आपके सामने आए और आप उसकी ओर खिंचाव महसूस करें, तो तुरंत उसका लाभ उठा लें। यह अधिक बड़े अवसर की दिशा में पहला क़दम है। अगर कोई यहाँ बताए गए विज्ञान के अनुसार सोचता और काम करता है, तो ब्रह्मांड की संरचना के लिए यह आवश्यक हो जाता है कि सभी चीजें उसके लिए हों और उसकी भलाई के लिए काम करें। वह निश्चित रूप से अमीर बनेगा। इसलिए नौकरी करने वाले लोगों को यह पुस्तक बहुत ध्यान से पढ़नी चाहिए और इसमें बताए काम पूरे विश्वास से करने चाहिए।

यह तरीका असफल हो ही नहीं सकता।

सावधानियां-निष्कर्ष

हो सकता है कुछ लोग इस विचार को ही मानने से इनकार कर देंगे कि अमीर बनने का भी कोई सटीक विज्ञान होता है।

इस सोच के वे जिम्मेदार नहीं हैं, क्योंकि उनका सोचना होता है कि पहले से ही धन्नासेठ बना आदमी उसके रास्ते में अवरोध खड़ा करेगा, हालांकि इस बात में लेशमात्र भी सच्चाई नहीं है।

यह सच है कि मौजूदा सरकारें जनता को ग़रीब रखती हैं, लेकिन ऐसा इसलिए है, क्योंकि जिस विशेष तरीके का यहां वर्णन किया गया है, उस तरीके से जनता न तो सोचती है और न ही काम करती है। यदि जनता इस पुस्तक में सुझाए गए तरीके से आगे बढ़े तो सरकार या औद्योगिक तंत्र उसे रोक नहीं सकते। जरूरत है तो बस उन्हें सकारात्मक मानसिकता एवं पूरी लगन और विश्वास के साथ अमीरी की दिशा में आगे बढ़ते रहने की।

कोई भी जाति, सम्प्रदाय, देश का आदमी अमीर बनने के लिए तैयार किए मार्ग पर चलकर अमीरी का स्वाद चख सकता है। उसके लिए यह विभाजन कोई मायने नहीं रखता। आपका अमीर बनना कई लोगों के लिए सफलता के मार्ग तैयार कर देगा और यह आपके देश, जाति या सम्प्रदाय के लिए खासी सम्मान की भी बात होगी।

अगर प्रतिस्पर्धा के माध्यम से लोग सफलता प्राप्त करेंगे तो यह अधिक लोगों के लिए उचित नहीं होगा, उनका नुकसान होगा। इसके उलट अगर वे रचनात्मकता का मार्ग अपनाते हैं तो यह उतने ही अधिक लोगों की सफलता में सहभागी बनेंगे।

अगर आप रचनात्मक हैं तो आप निन्यानवे के फेर में नहीं पड़ते, इस दशा में आप परेशानियों से भी नहीं घिरेंगे और खुशहाल जीवन जीना आपका अधिकार होगा। इस तरह ईश्वर भी आपको पसंद करने लगता है।

अगर आप प्रतिस्पर्धा के चक्कर में हैं तो मान के चलें कि आपके अंदर ईर्ष्या,ग्लानि और स्पर्धा के भाव विकसित होंगे, इन्हें तत्काल अपने मन से बाहर फेंके, क्योंकि यह ईश्वर और आपके बीच के सद्भाव और सहकारिता को खत्म करने का प्रयास शुरू कर देता है।

"डरे हुए, जिद्दी अथवा आलोचना करने वाले लोग कम आत्मसम्मानवाले होते है।"

—स्टीव ओजर

संभावित विपदाओं, बाधाओं, दहशत या परिस्थितियों के अप्रिय तालमेल के चिंता भरे विचार मन में न लाएँ। जब वे स्थितियाँ आएँगी, तो उनका सामना करने के लिए आपके पास पर्याप्त समय रहेगा। इसके अलावा, जब आप अपना ध्यान वर्तमान पर केंद्रित करेंगे, तो पाएँगे कि हर मुश्किल में उससे उबरने के साधन भी मौजूद होते हैं।

भविष्य की संभावित आपातकालीन स्थितियों से कैसे निबटा जाएगा, इसकी योजना बनाने में अपना समय बर्बाद न करें। अपना समय बस उन्हीं योजनाओं में लगाएँ, जो आज आपके कामों पर असर डालती हों। आपकी चिंता है, आज का काम सबसे प्रभावी तरीके से करना, न कि उन आपातकालीन स्थितियों से निबटना, जो आने वाले कल में पैदा हो सकती हैं। जब वे आएँगी, तब आप उनसे निबट लेंगे।

इस बारे में चिंता न करें कि आप संभावित भावी बाधाओं से कैसे उबरेंगे, जब तक कि आप स्पष्टता से यह न देख लें कि उनसे बचने के लिए आपको आज ही अपनी दिशा बदलनी होगी। चाहे कितनी ही बड़ी बाधा सामने हो, आप पाएँगे कि अगर आप इस विशेष तरीके से काम करते हैं, तो उस बाधा के पास पहुंचने पर या तो वह ओझल हो जाएगी या उसके ऊपर, नीचे, पार या आस-पास से आपके लिए कोई न कोई रास्ता निकल आएगा।

परिस्थितियों का कोई भी संभावित मिश्रण उस व्यक्ति को परास्त नहीं कर सकता, जो इन वैज्ञानिक सिद्धांतों के अनुसार अमीर बनने की राह पर चल रहा । जो भी इस नियम का पालन करता है, वह अमीर बनने में कभी असफल नहीं हो सकता, ठीक उसी तरह जिस तरह हम दो को दो से गुणा करने पर चार पाने में असफल नहीं हो सकते।

बाधाओं, स्कावटों तथा परेशानियों को अन्यथा न लें। नजदीक से गौर करने पर आप पाएंगे कि प्रत्येक रुकावट अथवा बाधा के साथ उसका समाधान भी जुड़ा होता है, जरूरत है तो कुशलता के साथ उसे ढूंढ निकालने की। ऐसे समय में उम्मीद का दामन न छोड़े तथा सफलता की दिशा में प्रयास जारी रखें।

हम तस्वीरों में सोचते हैं, तथा सही शब्द सही तस्वीर तक पहुंचने में हमारी मदद करते हैं। अतः भूलकर भी नकारात्मक शब्दों का इस्तेमाल न करें। आपके शब्दों से निराशा, शंका, नाकामयाबी, मायूसी अथवा दयनीयता के भाव नहीं टपकने चाहिए।

"कार्य असफल नहीं होता, उसकी गलत दिशा सफल हो जाती है।"

—बिलि लिम (डेअर टू फेल के लेखक)

हमेशा सकारात्मक रहें और वही भाषा का प्रयोग करें। यह भी संभव है कि स्पर्धा के चलते व्यापार और व्यवसाय में घाटा हो रहा है, उनका समय सही नहीं चल रहा हो, लेकिन अगर रचनात्मक मार्ग पर आप चल रहे हैं तो आप किसी भी प्रकार के संकट, शंका, क्रोध, द्वेष, दुर्भावना आदि से मुक्त रहते हैं। स्पर्धा के कारण व्यापार में आया संकट आपके लिए आपदा में अवसर बन सकता है।

इस समय जो कुछ भी सही-गलत हो रहा है, उसे सृष्टि निर्माण का एक अंग मानें और खुद का अपना दृष्टिकोण बनाकर उस दिशा में सोचें। कभी भी निराशा के गर्त में खुद को न जाने दें।

सही दिशा में काम करते हुए अपने मनचाहे को पाने की दिशा में निराश न हों, अपना धैर्य बनाए रखें। कुछ समय बाद आपकी सफलता आपके सामने होगी। कहा भी गया है कि महान अवसर आंखों से नहीं दिमाग से पहचाने जाते हैं।

यहां मैं आपको एक नौजवान के बारे में बताने जा रहा हूँ, जिसने अपने व्यापार को बनाने के लिए अमीरी के विज्ञान का पालन करने का फैसला किया। इस विज्ञान के एक विद्यार्थी ने एक विशेष व्यावसायिक सौदा करने का मन बनाया। सौदा बहुत अच्छा नज़र आ रहा था और उसने इसे करने के लिए कई हफ्ते मेहनत की। जब महत्त्वपूर्ण समय आया, तो अप्रत्याशित रूप से सौदा नहीं हो सका। उसे इसका कारण समझ नहीं आया। ऐसा लग रहा था, जैसे कोई अदृश्य शक्ति उसके विरुद्ध गोपनीय ढंग से काम कर रही थी।

लेकिन वह निराश नहीं हुआ, बल्कि उसने ईश्वर को धन्यवाद दिया कि उसकी इच्छा पूरी नहीं हुई और वह कृतज्ञ मानसिकता से लगातार काम करता रहा। कुछ सप्ताह बाद उसके सामने एक अवसर आया, जो इतना बढ़िया था कि यदि उसे यह पहले मिलता, तो वह पिछले सौदे पर विचार ही नहीं करता। इससे उसे समझ में आया कि उससे अधिक ज्ञानी किसी प्रज्ञा ने उसे पहले इसलिए रोका था, क्योंकि वह उसे कम अच्छाई के बजाय अधिक अच्छाई तक पहुँचाना चाहता था।

"कमजोर लोग सुरक्षा की तलाश में रहते हैं जबकि विजेता अवसरों की।"

—अब्राहम लिंकन

इस नौजवान की कहानी से हमने जाना कि विफलताएं किस प्रकार अदृश्य रूप से सफल होने में हमारी मदद करती हैं। शर्त बस यह है कि आपको अपने उद्देश्य के साथ टिके रहना होगा, प्रतिदिन के कार्य समय से निबटाते चलें तथा प्रत्येक कार्य को

कुशलता के साथ पूरा करें। याद रखें ईश्वर से सदैव अपनी अपेक्षा से कहीं अधिक मांगें।

आप इसलिए असफल नहीं होंगे, क्योंकि आपमें अपना मनचाहा काम करने की योग्यता नहीं है। कम योग्यता वाले कई लोग बेहद सफल हुए हैं। अगर आप मेरे बताए तरीके से काम करते हैं, तो आप वह सारी योग्यता विकसित कर लेंगे, जिसकी आवश्यकता आपको अपने काम के लिए होगी।

योग्यता विकसित करने के विज्ञान पर प्रकाश डालना इस पुस्तक के दायरे में नहीं आता, लेकिन यह भी अमीर बनने की प्रक्रिया जितना ही निश्चित और सरल है। बहरहाल, इस डर के कारण संकोच न करें कि जब कोई कठिन परिस्थिति सामने आएगी, तो आप योग्यता की कमी के कारण असफल हो सकते हैं। जुटे रहें; जब आप उस जगह पर पहुँचेंगे, तो योग्यता अपने आप आ जाएगी। योग्यता के जिस स्रोत ने अशिक्षित अब्राहम लिंकन को सरकार में वो महानतम काम करने में समर्थ बनाया, जो कोई अकेला इंसान कर सकता था, वही आपके लिए भी सुलभ है। आपकी पहुँच उस सर्वोच्च शक्ति तक है, जिसमें आपकी सारी ज़िम्मेदारियों को पूरा करने की प्रज्ञा है।

इस पुस्तक को बार-बार नियमित रूप से पढ़कर इसे अपने अवचेतन में बसा लें। नकारात्मक विचारों और दोस्तों को दूर रखें। लक्ष्य से अपनी निगाहें न हटाएं। सकारात्मक विचारों से अपने सपने को खुराक देते रहें और अमीरों की सूची में अपना नाम दर्ज कराएं।

जरूरी कदम

- हमेशा अच्छे को तलाशें

- काम में ढील न दें।

- किसी का अहसान मानें

- सीखने की प्रक्रिया जारी रखें

- अच्छे स्वाभिमान का निर्माण करें

- खराब प्रभावों से अपने को बचाएं

- जरूरी कामों को पसंद करें।

- प्रात:काल की शुरूआत अच्छी करें

- "अगर आप स्वयं की मदद नहीं करेंगे,
  तो दूसरे लोग आपकी मदद क्यों करेंगे?"

मैं आकाश के तारों की गणना तो कर सकता हूँ, परंतु लोगों के पागलपन की नहीं।

—सर आइजैक न्यूटन

हारने वाले जीतने से पहले ही दौड़ना छोड़ देते हैं, वे प्रतिदिन 100 प्रतिशत न भागकर 99 प्रतिशत ही दौड़ते हैं।

—बॉब जिन

हमारा मस्तिष्क एक दुर्लभ वस्तु है, यह स्वर्ग को नर्क एवं नर्क कोस्वर्ग बना सकता है।

—मिल्टन

नकारात्मक बातें करना कांटों को पोषण देने के समान है।

—डेविड श्वार्ट्ज

हम चाहे कितनी ही अच्छी बातें जान लें, उनके जानने और सुन लेने मात्र से जीवन में परिवर्तन नहीं हो जाता है क्योंकि कभी-कभी जानना भी मनोरंजन बन जाता है। यहां अधिकतर चीजें ऐसी हैं, जो केवल स्वयं करके ही जानी और समझी जा सकती हैं।

—ओशो

छोटी नदियां शोर करती हैं, जबकि बड़ी शांत बहती हैं।

—सुत्तनिपात

दरिद्रता एक दिन इतिहास बन जाएगी तब इसे संग्रहालय में रखा जाएगा।

—मुहम्मद यूनुस (ग्रामीण बैंक के संस्थापक)

16

अमीर बनने के विज्ञान का सार

एक विचारशील तत्व होता है, जो सभी चीजों के निर्माण के जिम्मेदार है। यह तत्व मूल अवस्था में ब्रह्मांड की सभी आंतरिक जगहों को भरता है और व्याप्त होता है। जो विचार इस तत्व तक पहुचाया जाता है, वह उस चीज को उत्पन्न कर देता है जिसकी छवि विचार में होती है।

लोग अपने विचारों में तस्वीर बना सकते हैं। उन विचारों की आकृति निराकार तत्व पर छोड़कर उस चीज को पैदा कर सकते हैं, जिसके बारे में वह दिन-रात मंथन करते रहते हैं।

ऐसा करने के लिए हमें प्रतिस्पर्धी मानसिकता से सृजनात्मक मानसिकता तक रास्त बनाना होगा, अन्यथा हम निराकार प्रज्ञा के सामंजस्य में नहीं रहेंगे, जो हमेशा सृजनात्मक होती है और कभी भी प्रतिस्पर्धा में नहीं होती। निराकार तत्व के पूरे सामंजस्य में कोई भी आ सकता है। इसका तरीका है, खुद को प्राप्त वरदानों के प्रति सच्ची कृतज्ञता रख उसे पूर्ण व्यक्त करना। कृतज्ञता लोगों के मस्तिष्क को सर्वोच्च्य तत्व की प्रज्ञा के सामंजस्य में लाती है,जिससे हमारे विचार निराकार द्वारा ग्रहण किए जाते हैं। कृतज्ञता की गहरी और सतत भावना से हम निराकार प्रज्ञा के सामंजस्य में आकर सृजनात्मक धरातल पर बने रह सकते है।

हमें उन चीजों की स्पष्ट और निश्चित मानसिक तस्वीर बनानी चाहिए, जिन्हें हम पाना चाहते हैं, करना चाहते हैं या बनना चाहते हैं। हमें इस मानसिक तस्वीर को अपने विचारों में बनाकर रखना चाहिए। साथ ही हमें सर्वोच्च तत्व के प्रति कृतज्ञ भी होना चाहिए कि हमारी सभी इच्छाएँ पूरी हो गई हैं। अगर हम अमीर बनना चाहते हैं, तो

84

हमें फुरसत के घंटों में अपने सपने पर मनन करना चाहिए और दिल से धन्यवाद देना चाहिए कि हमें अपनी मनचाही चीज़ मिल रही है।

अटल आस्था और गहरी कृतज्ञता के साथ जुड़े मानसिक चित्र के बार-बार मनन का महत्त्व जितना अधिक बताया जाए, कम है। यही वह प्रक्रिया है, जिसके द्वारा निराकार और सृजनात्मक शक्तियों पर छोड़ी गई छाप गतिमान होती है।

सृजनात्मक ऊर्जा नैसर्गिक विकास और आर्थिक व सामाजिक व्यवस्था के पूर्व निर्धारित मार्गों के माध्यम से काम करती है। मानसिक तस्वीर में जो भी है, वह निश्चित रूप से उस व्यक्ति की ओर आएगा, जो ऊपर बताए गए निर्देशों का पालन करता है और जिसकी आस्था कभी नहीं डगमगाती। हम जो चाहते हैं, वह वाणिज्य और व्यवसाय के पारंपरिक मार्गों से ही हमारी ओर जाएगा।

हमारी मनचाही चीज जब हमारे पास आने के लिए तैयार हो, तो उसे पाने के लिए हमें इस तरह काम करना चाहिए, कि हम अपने वर्तमान पद की आवश्यकताओं से अधिक की पूर्ति करें। हमें अपनी मानसिक तस्वीर साकार होने के माध्यम से अमीर बनने के इरादे को मन में रखना होगा। और हमें हर दिन वह सब करना होगा, जो उस दिन किया जा सकता है। हमें अपना हर काम प्रभावी तरीके से करना है। हमें हर व्यक्ति से जो नक़द मूल्य मिलता है, उपयोगिता में उसे उससे अधिक मूल्य देना चाहिए, ताकि हर सौदे से जीवन में वृद्धि हो। वृद्धि का हमारा संकल्प इतना दृढ़ होना चाहिए कि इसकी छाप हमारे संपर्क में आने वाले सभी लोगों पर पड़ सके।

जो लोग इन नियमों का पूरी प्रतिबद्धता के साथ पालन करते हैं, वे निश्चित तौर पर अमीरों की श्रेणी में आ जाएंगे। वे जो अमीरी हासिल करेंगे, वह उनकी लगनशीलता, उनके इरादे की दृढ़ता, उनकी आस्था की लगनशीलता, उनकी कृतज्ञता की गहराई और उनके सपने की स्पष्टता के अनुपात में ही प्राप्त होगी।

उपहार

अनोखी ताकत – कृतता

सफल कैसे बनें.

ऐसे विषय पर सामग्री की कमी नहीं है। यह सभी जानते होंगे कि सफलता पाने के लिए सकारात्मक दृष्टिकोण, दूरदृष्टि, दृढ़ विश्वास, लोकव्यवहार, अच्छे प्रभाव तथा कुशलता की आवश्यकता होती है।

मेरे पुस्तकालय में करीब दस हजार डॉलर की कीमती किताबें रखी हैं। जो बड़े-बड़े लेखकों की है। इनमें बॉब प्रॉक्टर, जो वाइटल, जिम रॉन, कैनेडी तथा डेल कार्नेगी समेत कई महानतम और सफल लेखक शामिल हैं। इन किताबों को मैं किसी भी कीमत पर बेचने के लिए तैयार नहीं हूं, इनकी कीमत मेरे लिए अनमोल है।

लेकिन यह सवाल फिर भी खड़ा होता है कि जब आप सफलता से कोसों दूर हों, तो क्या करें। आपको लाख प्रयास करने पर भी सफलता नसीब नहीं हो हो, आप अच्छी किताब पढ़ रहे हों, सकारात्मक लेक्चर सुन रहे हों और सफल होने का पूरा प्रयास कर रहे हों

मैंने अनुसंधान कर पाया कि हम सब से एक छोटी सी चीज छूट जाती है, हम दुनियादारी में इतना व्यस्त हो जाते हैं कि मामूली समझ कर इसे नजरअंदाज कर जाते हैं।

लेकिन यह सामने रखे मग से कॉफी पीना जितना आसान है। मेरी मां हमेशा मुझे इसे करने की हिदायत दिया करती थी। वह कहती थी, ''जब भी कोई तुम्हारे लिए कुछ भी करे तो उसे इसके लिए धन्यवाद जरूर दो।जी हां, वह बिल्कुल ठीक कहा करती थी। और इस विषय परऔर भी बहुत कुछ जाना, समझा और बताया जा सकता है।

लेकिन आप पलटकर पूछ सकते हो, मैं किसे और क्यों धन्यवाद दूं ?

आपके इस 'किसे' का जवाब तो आपको अंत में मिलेगा, परंतु 'क्यों' धन्यवाद देना चाहिए इस विषय पर पहले थोड़ा जान लेते हैं।

हमारी दुनिया जिसमें हम रहते हैं, वह विशेष प्राकृतिक नियमों से संचालित है, न कि किसी मौके या भाग्य के खेल पर

वैलेस वेट्टल्स ने अपनी पुस्तक 'द साइंस ऑफ गैटिंग रिच' में इन नियमों का स्पष्ट तरीके से वर्णन किया है।

व्हल्स के अनुसार-

कृतज्ञता का भी अपना एक नियम है, तथा यदि आप मनचाहा प्राप्त करना चाहते हैं तो आपके लिए इस नियम को जानना अनिवार्य हो जाता है। शायद अब आप भी इस नियम को जानने के लिए उत्सुक होंगे। वेट्टल्स आगे कहते हैं-

कृतज्ञता पूरी तरह प्राकृतिक (Natural) सिद्धांत है जो क्रिया प्रतिक्रियाके नियम की भांति कार्य करता है, जिसके अनुसार किसी भी क्रिया के लिए ठीक उसके बराबर परंतु विपरीत दिशा में प्रतिक्रिया होती है।

हम सभी जानते हैं कि हमारी सोच एवं भावनाएं ऊर्जा के ही रूप हैं।

ऊर्जा को न तो पैदा किया जा सकता है और न ही नष्ट, इसे मात्र रुपांतरित ही किया जा सकता है विज्ञान का एक सिद्धांत।

अब आप दिमाग लगाएं कि जब ऊर्जा को पैदा करना संभव नहीं तो हमारा दिमाग किस प्रकार नए विचारों को जन्म देने के काबिल हो सकता है। इसका अर्थ यह है कि हमारा मस्तिष्क ईश्वर की ओर से प्रेषित विचारों को पहले भावनाओं और फिर तरंगों में बदलकर दसों दिशाओं में भेज देता है।

वैज्ञानिक रूप से प्रमाणित है कि मानव का मस्तिष्क सभी प्रकार की भावनाओं पर समान रूप से अनुक्रिया करता है, फिर वह भावनाएं चाहे सकारात्मक हों या नकरात्मक।

इसका सीधा सा अर्थ है कि अगर हम मन के मुताबिक फल चाहते हैं तो उत्साह, आनंद और प्रसन्नता जैसे सकारात्मक ऊर्जा का आरोपण करना चाहिए जबकि भय, व्याकुलता, क्रोध, चिंता, अल्पसंतोष, वासन, उतावलापन जैसी नकारात्मक भावनाओं को बाहर निकाल देना चाहिए।

कृतज्ञता की भावना का पूर्णत: नकारात्मक होना संभव नहीं। हमारा मस्तिष्क उस समय सकारात्मक तरंगों का प्रवाह चालू कर देता है, जब हम कृतज्ञ होते हैं। इसका

एक चुंबकीय प्रभाव होता है जिस कारण हम सकारात्मक विचारों वाले अन्य इंसानों को अपनी ओर खींचना शुरू कर देते हैं।

श्री वेहल्स के अनुसार कृतज्ञता के अभाव में ऐसा कर पाना पूर्णतः असंभव है क्योंकि कृतज्ञ मस्तिष्क ही निरंतर अच्छी भावनाओं पर टिका रहने में सक्षम होता है, तथा क्रिया-प्रतिक्रिया सिद्धांत के अनुसार ऐसे में हम विपरीत दिशा से अपनी ओर आने वाली अच्छी प्रतिक्रियाओं को ग्रहण करने के योग्य बन जाते हैं।

दूसरी तरह से कहें तो अगर हम हमेशा कृतज्ञ रहें तो सफलता की दिशा में लगातार सक्रिय रहा जा सकता है। इसका मतलब है कि यह हमारे लिए सफलता का शार्टकट बन सकता है।

अब यह क्लीयर है कि जितने भी लोग हमें सफलता की राह दिखाते हैं, वे सब सबसे पहले अपना लक्ष्य निर्धारित करने के लिए क्यों कहते हैं। मत भूलें कि पाठ में सिखाई गई बातों का विरोध कर आप अपने हाथों तक आई सफलता को अनजाने में ही न गंवा दें।

लोग आमतौर पर पांच प्रकार की गलतियां किया करते हैं, इनके बारे में हम बाद में चर्चा करेंगे, परंतु पहले हम सुप्रसिद्ध वैज्ञानिक अलबर्ट आइंस्टीन (Einstein) द्वारा किए गए एक महत्त्वपूर्ण सवाल पर गौर करेंगे... क्या प्रकृति हमारी इच्छाओं की विरोधी है?

अब इसी सवाल को दूसरे तरीके से पूछता हूँ कि क्या हमारे विनाश के लिए प्रकृति का निर्माण किया गया है, क्या ऐसा संभव है कि तरक्की के सारे रास्तों में एक दिन अवरोध खड़े जाएंगे।

चूकिआप यह पुस्तक आद्योपांत पढ़ चुके हैं, आपसे उम्मीद करूंगा कि इस सवाल का जवाब दें।

ऐसा संभव है कि आप सोच रहे हों और आशंकित हों कि प्रलय के एक दिन सब कुछ खत्म हो जाएगा, तो ऐसे में भक्ति, श्रद्धा, विश्वास एवं आनंद के भाव के साथ परमपिता परमेश्वर के प्रति कृतज्ञ किस प्रकार बने रहा जा सकता है?

यह मत भूलें कि जहां विश्वास नहीं है, वहां श्रद्धा की मौत हो जाती है। विज्ञान (Science) जिसे ऊर्जा का नाम देता है, अध्यात्म (Spirituality) उसी को मूल तत्त्व अथवा मूल पदार्थ की संज्ञा देता है। विज्ञान के नियमानुसार ऊर्जा को न तो पैदा किया जा सकता है और न ही नष्ट, मात्र इसे रुपांतरित किया जा सकता है, अर्थात् यह प्रचुरता के सदैव बने रहने की सूचना देता है।

हाल ही में हुए एक सर्वेक्षण के अनुसार हमारे द्वारा दोहन किए गए पदार्थ की मात्रा मात्र 4 प्रतिशत है। बाकी का 96 प्रतिशत अभी तक अनछुआ है।

मेरी सोच के अनुसार 96 प्रचुरता का प्रयोग करके अभी भी काफी बड़ी सफलता प्राप्त की जा सकती है, तो इसके लिए क्यों न सकारात्मकता को अपनाकर नकारात्मकता के लिए अपने दरवाजे बंद कर दें।

LIST OF TITLES WITH ISBN NO.

ISBN	TITLE
9788194914129	1984
9789390575220	1984 & Animal Farm (2In1)
9789390575572	1984 & Animal Farm (2In1): The International Best-Selling Classics
9789390575848	35 Sonnets
9789390575329	A Clergyman's Daughter
9789390575923	A Study In Scarlet
9789390896097	A Tale Of Two Cities
9789390896837	Abide in Christ
9789390896202	Abraham Lincoln
9789390896912	Absolute Surrender
9789390896608	African American Classic Collection
9789390575305	Aldous Huxley: The Collected Works
9789390896141	An Autobiography of M. K. Gandhi
9789390575886	Animal Farm
9789390575619	Animal Farm & The Great Gatsby (2In1)
9789390575626	Animal Farm & We
9789390896158	Anna Karenina
9789390575534	Antic Hay
9789390896165	Antony & Cleopatra
9789390896172	As I Lay Dying
9789390896226	As You like it
9789390575671	At Your Command
9789390575350	Awakened Imagination
9789390575114	Be What You Wish
9789390896233	Believe In yourself
9789390896998	Best of Charles Darwin: The Origin of Species & Autobiography
9789390896684	Best Of Horror : Dracula And Frankenstein
9789390575503	Best Of Mark Twain (The Adventures of Tom Sawyer AND The Adventures of Huckleberry Finn)
9789390896769	Black History Collection
9789390575756	Brave New World, Animal Farm & 1984 (3in1)

9789390896240	Brother Karamzov
9789390575053	Bulleh Shah Poetry
9789390575725	Burmese Days
9789390896257	Bushido
9789390896066	Can't Hurt Me
9788194914112	Chanakya Neeti: With The Complete Sutras
9789390896042	Crime and Punishment
9789390575527	Crome Yellow
9789390575046	Down and Out in Paris and London
9789390896844	Dracula
9789390575442	Emersons Essays: The Complete First & Second Series (Self-Reliance & Other Essays)
9789390575749	Emma
9789390575817	Essential Tozer Collection - The Pursuit of God & The Purpose of Man
9789390896578	Fascism What It Is and How to Fight It
9789390575688	Feeling is the Secret
9789390575190	Five Lessons
9789390575954	Frankenstein
9789390575237	Franz Kafka: Collected Works
9789390575282	Franz Kafka: Short Stories
9789390575060	George Orwell Collected Works
9789390575077	George Orwell Essays
9789390575213	George Orwell Poems
9788194914150	Greatest Poetry Ever Written Vol 1
9788194914143	Greatest Poetry Ever Written Vol 1
9789390896301	Gulliver's Travel
9789390575961	Gunaho Ka Devta
9789390575893	H. P. Lovecraft Selected Stories Vol 1
9789390575978	H. P. Lovecraft Selected Stories Vol 2
9789390896059	Hamlet
9789390575022	His Last Bow: Some Reminiscences of Sherlock Holmes
9789390896134	History of Western Philosophy
9789390575121	Homage To Catalonia

9789390896219	How to develop self-confidence and Improve public Speaking
9789390896295	How to enjoy your life and your Job
9789390575633	How to own your own mind
9789390896318	How to read Human Nature
9789390896325	How to sell your way through the life
9789390896370	How to use the laws of mind
9789390896387	How to use the power of prayer
9789390896028	How to win friends & Influence People
9788194824176	How To Win Friends and Influence People
9789390896103	Humility The Beauty of Holiness
9789390896653	Imperialism the Highest Stage of Capitalism
9789390575084	In Our Time
9789390575169	In Our Time & Three Stories and Ten poems
9789390575145	James Allen: The Collected Works
9789390896189	Jesus Himself
9789390575480	Jo's Boys
9789390896394	Julius Caesar
9789390575404	Keep the Aspidistra Flying
9789390896400	Kidnapped
9789390896424	King Lear
9789390575824	Lady Susan
9789390896455	Law of Success
9789390896264	Lincoln The Unknown
9789390575565	Little Men
9789390575640	Little Women
9788194914174	Lost Horizon
9789390896462	Macbeth
9789390896929	Man Eaters of Kumaon
9789390896523	Man The Dwelling Place of God
9789390896349	Man The Dwelling Place of God
9789390575909	Mansfield Park
9788194914136	Manto Ki 25 Sarvshreshth Kahaniya
9789390896509	Marxism, Anarchism, Communism
9789390575664	Mathematical Principles of Natural Philosophy

9788194914198	Meditations
9789390575800	Mein Kampf
9789390575794	Memory How To Develop, Train, And Use It
9789390896486	Mind Power
9789390896585	Money
9789390575039	Mortal Coils
9789390575770	My Life and Work
9789390896035	Narrative of the Life of Frederick Douglass
9789390575152	Neville Goddard: The Collected Works
9789390575985	Northanger Abbey
9789390896530	Notes From Underground
9789390896547	Oliver Twist
9789390575459	On War
9789390575541	One, None and a Hundred Thousand
9789390896554	Othelo
9789390575435	Out Of This World
9789390575015	Persuasion
9789390575510	Prayer The Art Of Believing
9789390575091	Pride and Prejudice
9789390896561	Psychic Perception
9789390575381	Rabindranath Tagore - 5 Best Short Stories Vol 2
9789390575367	Rabindranath Tagore - Short Stories (Masters Collections Including The Childs Return)
9789390575374	Rabindranath Tagore 5 Best Short Stories Vol 1 (Including The Childs Return
9789390896622	Romeo & Juliet
9789390896127	Sanatana Dharma
9789390575596	Seedtime & Harvest
9789390896639	Selected Stories of Guy De Maupassant
9789390575206	Self-Reliance & Other Essays
9789390575176	Sense and Sensibility
9789390575299	Shyamchi Aai
9789390896738	Socialism Utopian and Scientific
9789390896646	Success Through a Positive Mental Attitude
9789390575428	The Adventures of Huckleberry Finn

9789390575183	The Adventures of Sherlock Holmes
9789390575343	The Adventures of Tom Sawyer
9789390896691	The Alchemy Of Happiness
9789390575862	The Art Of Public Speaking
9789390896288	The Autobiography Of Charles Darwin
9788194914181	The Best of Franz Kafka: The Metamorphosis & The Trial
9789390575008	The Call Of Cthulhu and Other Weird Tales
9789390575107	The Case-Book of Sherlock Holmes
9789390896110	The Castle Of Otranto
9789390896745	The Communist Manifesto
9789390575589	The Complete Fiction of H. P. Lovecraft
9789390575497	The Complete Works of Florence Scovel Shinn
9789390896820	The Conquest of Breard
9789390896813	The Diary of a Young Girl
9789390896332	The Diary of a Young Girl The Definitive Edition of the Worlds Most Famous Diary
9789390575701	The Great Gatsby, Animal Farm & 1984 (3In1)
9789390575312	The Greatest Works Of George Orwell (5 Books) Including 1984 & Non-Fiction
9789390575992	The Hound of Baskervilles
9789390896707	The Idiot
9789390896714	The Invisible Man
9789390575657	The Knowledge of the holy
9789390575558	The Law & the Promise
9789390896721	The Law Of Attraction
9789390896776	The Leader in you
9789390896363	The Life of Christ
9789390896196	The Man-Eating Leopard of Rudraprayag
9789390896783	The Master Key to Riches
9789390575268	The Memoirs Of Sherlock Holmes
9789390896479	The Midsummer Night's Dream
9789390575466	The Mill On The Floss
9789390896790	The Miracles of your mind
9789390896660	The Mutual Aid A Factor in Evolution
9789390896448	The Origin of Species

9789390896905	The Peter Kropotkin Anthology The Conquest of Bread & Mutual Aid A Factor of Evolution
9789390896806	The Picture of Dorian Gray
9789390896271	The Picture of Dorian Gray
9789390575275	The Power Of Awareness
9789390896356	The Power of Concentration
9788194824169	The Power of Positive Thinking
9789390575411	The Power of the Spoken Word
9788194914105	The Power Of Your Subconscious Mind
9789390896899	The Power of Your Subconscious Mind
9789390896417	The Principles of Communism
9789390575787	The Psychology Of Mans Possible Evolution
9789390896615	The Psychology of Salesmanship
9789390575732	The Pursuit of God
9789390575398	The Pursuit of Happiness
9789390896851	The Quick and Easy Way to effective Speaking
9789390575947	The Return Of Sherlock Holmes
9789390575138	The Road To Wigan Pier
9789390896981	The Root of the Righteous
9789390575855	The Science Of Being Well
9788194914167	The Science Of Getting Rich, The Science Of Being Great & The Science Of Being Well (3In1)
9789390896011	The Screwtape Letters
9789390896073	The Screwtape Letters
9789390575336	The Secret Door to Success
9789390575695	The Secret Of Imagining
9789390896868	The Secret Of Success
9789390896431	The Seven Last Words
9789390575930	The Sign of the Four
9789390896004	The Sonnets
9789390896516	The Souls of Black Folk
9789390896875	The Sound and The Fury
9789390575244	The State and Revolution
9789390896882	The Story of My Life
9789390896936	The Story Of Oriental Philosophy

9789390896752	The Strange Case of Dr. Jekyll and Mr. Hyde
9789390896943	The Tempest
9789390575916	The Valley Of Fear
9789390575879	The Wind in the willows
9789390896080	The Wind in the willows
9789390575763	Their eyes were watching gofd
9789390575831	Three Stories
9789390896950	Twelfth Night
9789390896592	Twelve Years a Slave
9789390896677	Up from Slavery
9789390896974	Value Price and Profit
9789390896967	Wake Up and Live
9789390896493	With Christ in the School of Prayer
9789390575602	Your Faith is Your Fortune
9789390575473	Your Infinite Power To Be Rich
9789390575251	Your Word is Your Wand
9789390575718	Youth
9789391316099	A Christmas Carol
9789391316105	A Doll's House
9789391316501	A Passage to India
9789391316709	A Portrait of the Artist as a Young Man
9789391316112	A Tale of Two Cities
9789391316747	A Tear and a Smile
9789391316167	Agnes Gray
9789391316174	Alice's Adventures in Wonderland
9789391316136	Anandamath
9789391316181	Anne Of Green Gables
9789391316754	Anthem
9789391316198	Around The World in 80 Days
9789391316013	As A Man Thinketh
9789391316242	Autobiography of a Yogi
9789391316266	Beyond Good and Evil
9789391316761	Bleak House
9789391316778	Chitra, a Play in One Act
9789391316310	David Copperfield

9789391316075	Demian
9789391316785	Dubliners
9789391316051	Favourite Tales from the Arabian Nights
9789391316235	Gitanjali
9789391316068	Gravity
9789391316150	Great Speeches of Abraham Lincoln
9789391316662	Guerilla Warfare
9789391316839	Kim
9789391316822	Mother
9789391316211	My Childhood
9789391316846	Nationalism
9789391316327	Oliver Twist
9789391316853	Pygmalion
9789391316334	Relativity: The Special and the General Theory
9789391316389	Scientific Healing Affirmation
9789391316341	Sons and Lovers
9789391316587	Tales from India
9789391316372	Tess of The D'Urbervilles
9789391316396	The Awakening and Selected Stories
9789391316402	The Bhagvad Gita
9789391316303	The Book of Enoch
9789391316228	The Canterville Ghost
9789391316907	The Dynamic Laws of Prosperity
9789391316006	The Great Gatsby
9789391316860	The Hungry Stones and Other Stories
9789391316433	The Idiot
9789391316440	The Importance of Being Earnest
9789391316297	The Light of Asia
9789391316914	The Madman His Parables and Poems
9789391316457	The Odyssey
9789391316921	The Picture of Dorian Gray
9789391316464	The Prince
9789391316938	The Prophet
9789391316945	The Republic
9789391316518	The Scarlet Letter

9789391316143	The Seven Laws of Teaching
9789391316525	The Story of My Experiments with Truth
9789391316532	The Tales of the Mother Goose
9789391316549	The Thirty Nine Steps
9789391316594	The Time Machine
9789391316600	The Turn of the Screw
9789391316983	The Upanishads
9789391316617	The Yellow Wallpaper
9789391316426	The Yoga Sutras of Patanjali
9789391316990	Ulysses
9789391316624	Utopia
9789391316679	Vanity Fair
9789391316020	What Is To Be Done
9789391316686	Within A Budding Grove
9789391316693	Women in Love